JN123639

カラー口絵①

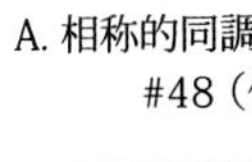

A. 相称的同調

#48（信頼スコア＝5）　0.247

#15（信頼スコア＝3.5）　0.279

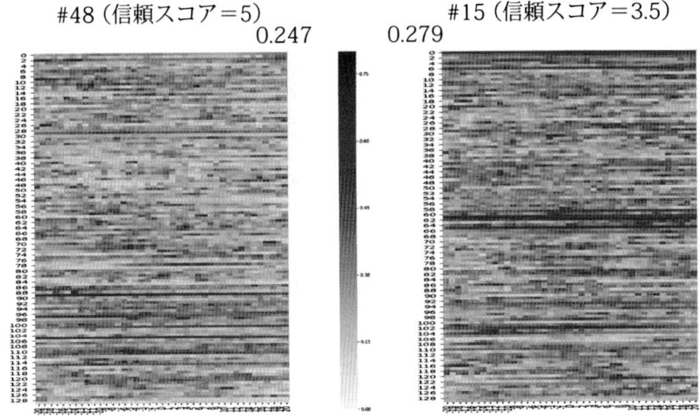

B. 相補的同調

#9（信頼スコア＝5）　0.289

#17（信頼スコア＝2.5）　0.249

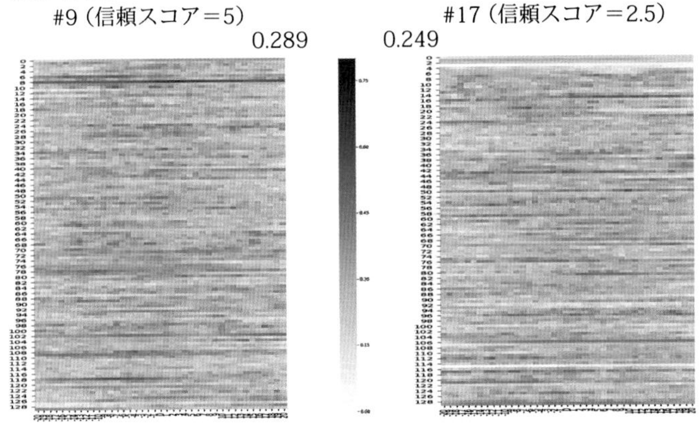

図 2-6　面接中の非言語同期（左目）の遷移

注：縦軸は面接中の時間の流れで，1 行 7 秒間です。初めの 910 秒間を抽出しているので，130 行あります。横軸は同期が起こるまでのタイムラグで -2 秒から +2 秒まであります。各列は 0.1 秒なので，41 行あります。濃い赤色は高い相称的同調を示し，濃い青色は高い相補的同調を示します。

カラー口絵②

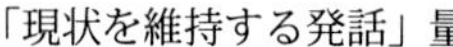

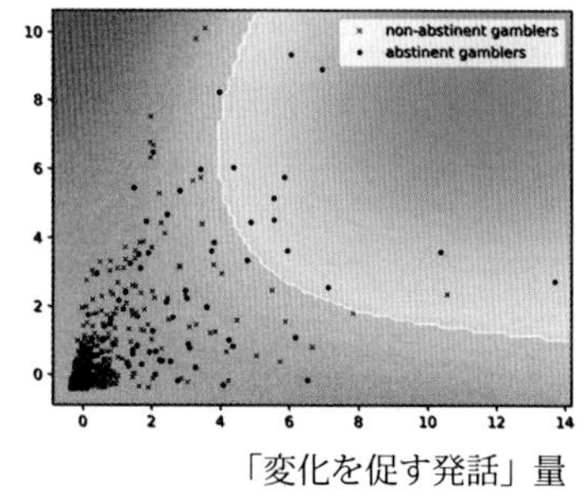

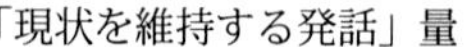

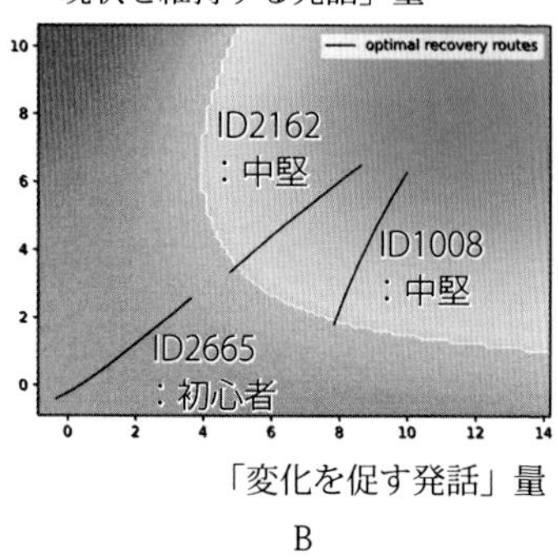

図 4-8　自助グループの治療プロセスの可視化と最適な治療プロセスのシミュレーション

カラー口絵③

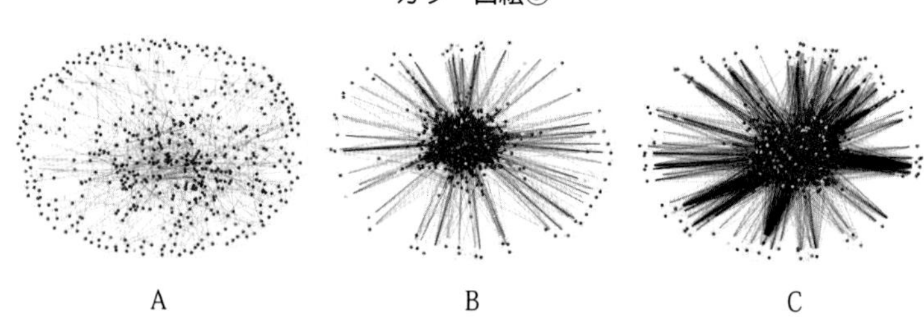

図 6-7　加害者（A），被害者（B），非加害者・非被害者（C）のネットワーク特徴

注：いずれの図でもピグパーティ上での友人数が 50 名以下のユーザーは予め除いた状態で示されています。赤線は同性のやりとり，青線は異性のやりとりを示しています。各点の色はユーザーの性的アイデンティティと性的志向によって分類された性的特徴を示しています。例えば，赤い点は女性として生まれ，女性として自認しており，かつ，男性のみが恋愛対象となる方を示しています。

精神の情報工学

STEPS TO AN INFORMATION ENGINEERING OF MIND

心理学×ITでどんな未来を創造できるか

Yokotani 横谷謙次 著 Kenji

遠見書房

恩師の長谷川啓三先生に捧ぐ

まえがき

本書は，大学１，２年生を対象に心理学と情報工学の融合領域について説明した内容です。目次を見ていただけると分かる通り，治療同盟（２章），不適応（３章），自助グループ（４章），精神疾患（５章），ネットいじめ（６章）と，臨床で扱われる心理現象を主に扱っています。これらの心理現象に興味を持っている方なら，どなたでも気軽に読めるように書かれています。

また，方法論は，画像処理（２章），音声処理（３章），自然言語処理（４章），音声対話システム（５章），社会ネットワーク分析（６章）という情報工学の技術を用いて書いています。これらの技術を心理現象にどのように当てはめているのか，という観点で読んでいただくことも可能です。

そのため，方法論という観点では，心理学の専門家でも興味深く読んでいただけると思います。というのも，２章から６章まで一貫して，「１節　先行研究のレビュー」「２節　従来の測定手法とその課題」を述べた後に，「３節　新たな測定手法」と「４節　その成果」を書いていますので，従来の心理学的な手法の限界を情報工学の手法を用いてどのように解決しようとしているのか，という観点で読んでいただけるからです。

さらに，情報工学の専門家でも，心理学者が臨床の現場に落とし込むために，どのように情報処理技術を使っているかといった社会実装の観点からも読むことが出来ます。この場合は，各章の最初の「０節　要約」を読んだ後に，最後の「５節　臨床への応用」を読んでいただければ，臨床領域への社会実装の一部が把握出来ると思います。

ただし，本書は情報工学の方法をほとんど含んでおりませんので，詳細な方法が知りたいという方は，２章[1]，３章[2]，４章[3]，５章[4]，６章[5]の元論文をそれぞれ読んでいただければ幸いです。なお，分析に用いたコードについても本書では全く書いておりませんので，興味のある方は，OpenCV，Dlib（２章），LibROSA（３章），MeCab（４章），Julius（５章），NetworkX（６章）といったライブラリやモジュールをご確認いただければ幸いです。

さて，本書の読み方ですが，１章の「心理学と情報工学との歴史的関係」で総論を書いていますので，そこを読んでいただいたあとに，後は興味のある内容を２章から６章で拾い読みしていただければ幸いです。なお，７章では，新しい精神保健サービスを活かすためのデジタルトランスフォーメーションについても書いていますので，この章は最後に読んでいただけると，より分かりやすいと思います。また，コラム１と２では章立てするほどの分量ではないですが，この領域の重要なテーマを取り上げています。

本書を作成するにあたって，多くの方の尽力をいただきましたので，以下に代表的な方々を記します。まず，高木源博士（東北福祉大学）と若島孔文博士（東北大学）の両名には，実験室の確保，実験協力者の確保，倫理審査の申請及び緊急時の対応について多大な尽力を頂戴しました。お二人の協力のお陰で２章，３章，５章のデータを得ることが出来ました。

また，高野雅典博士（サイバーエージェント）には大規模なネットワークデータを頂戴しました。また，論文を書き上げた後にいただくコメントは，並みの査読者よりも方法論的に鋭いため，査読が一回多いような感覚に陥りましたが（笑），大変参考になりました。高野様の協力のお陰で６章を書くことが出来ました。

山本哲也博士（徳島大学），高橋英之博士（大阪大学），阿部修士博士（京都大学）及び高村真広博士（島根大学）と日本心理学会で楽しいシンポジウム[6]とその打ち上げをする中で，本書の1章や7章の構想は練られていきました。

また，これらの研究を行うにあたっては，日本学術振興会様，科学技術融合振興財団様，及びサイバーエージェント様より財政的支援を頂戴しました。ここに厚く御礼申し上げます。

最後になりましたが，無名の筆者に出版する機会を与えてくれた遠見書房の駒形大介様に深く感謝申し上げます。

目　　次

精神の情報工学

心理学×IT でどんな未来を創造できるか

第１章

心理学と情報工学との歴史的関係

1章0節　要　　約

心理学と情報工学とは，古くから相互に密接な交流があります。心理学の知見が情報工学に影響を与えたものとして，解析法や質的モデルがあります（図 1-1）。例えば，心理学では昔から多次元のデータを測定し，そのデータの次元を圧縮することで，研究者にも把握できるような形に置き換え，人間の心理を把握してきました[7]。この次元圧縮の方法は現代の情報工学にも影響を与えています。また，心理学では，心理現象を把握するために，さまざまな質的モデルを構築し，そのモデルに基づいて仮説・検証を行ってきました。記憶や注意や強化などはその好例です。こういった質的モデルは，コンピューターの学

1.　解析法
2.　質的モデル

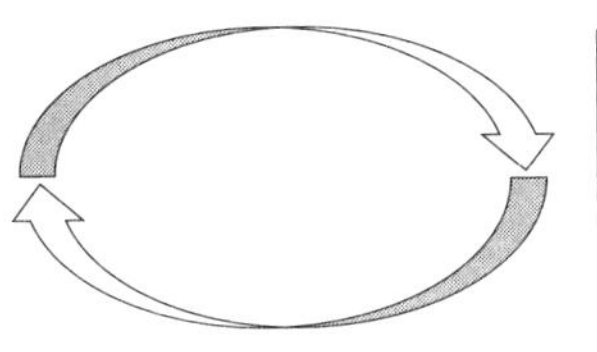

3.　良質なデータ
4.　体験装置

図 1-1　心理学と情報工学との知見の相互交流

習モデルを構築する際にも使用されています[8]。

また，情報工学の知見も心理学に影響を与えてきました。良質なデータと体験装置がその代表的なものです（図1-1）。なお，ここでの良質なデータとは高精度で大量のデータを意味しています。例えば，高解像度の写真は低解像度の写真よりも高精度なので，良質と言えますし，百万枚の写真は百枚の写真よりも量が多いので良質と言えます。さて，情報工学では，良質なデータを用いて研究を行います。例えば，画像処理の分野では，大量の人間の顔に基づいて，その人がどのような情動であるかを推定する情動推定の研究が盛んに行われています。なお，情動とは，個人の感情体験の中で，外部から観察可能なものを言います。この情動推定の研究は心理学にもそのまま応用され，高精度かつ大量なデータを伴う情動推定が近年行われるようになっています。また，情報工学ではコンピューターを用いて新たな経験を提供しており，その経験が心理学の実験にも生かされています。その好例はヴァーチャルリアリティでしょう。ヴァーチャルリアリティなので，完全に架空の出来事なのですが，その出来事を頻繁に経験することで特定の精神疾患の治療に役立つことが指摘されています。以降では，これらの内容を詳しく解説していきます。

１章１節　心理学の知見を情報工学へ輸出１：解析法

まず，心理学では主成分分析という解析手法をよく使用します。主成分分析とは，多次元のデータを少数の次元に圧縮する手法です[7]。例えば，１年間でパーティを主宰する確率を縦軸にとり，休日に５名以上の友人で旅行に行く確率を横軸に取ったとしましょう（図1-2A，なお，このデータは架空で，実際のデータではありません）。このとき，右上に位置する人は，「パーティが好きで，友人と旅行するのが好きな人」と言えますが，少し冗長ですね。こういう場合に，両方の行

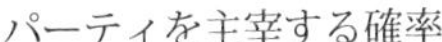

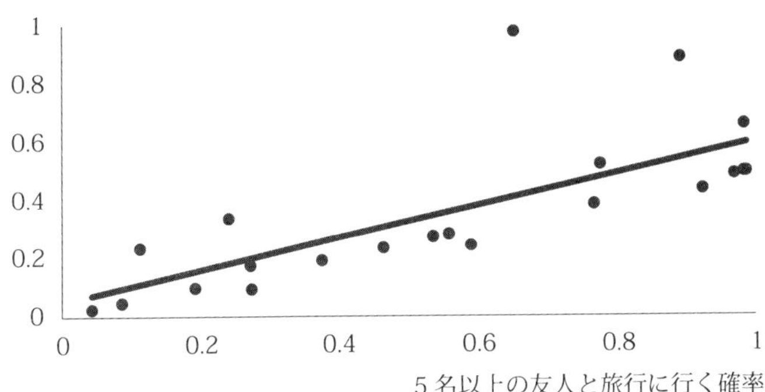

A.　心理学での主成分分析

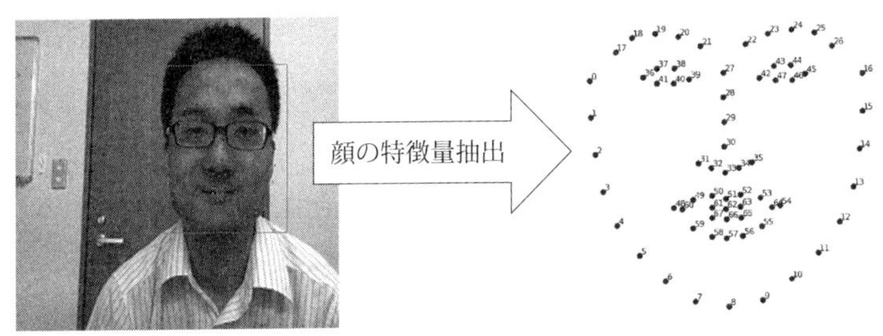

B.　情報工学での主成分分析（特徴量抽出）

図 1-2　心理学と情報工学での主成分分析

動を同時に説明するような指標を取って（図 1-2A の直線），「外向性の高い人」と言ったりします。このとき，「パーティに行く確率」と「5 名以上の友人で旅行する確率」という 2 次元のデータを「外向性」という一つの指標にまとめている（1 次元に圧縮している），ということになります。この方法は人格の特徴を推定する際に現在でも使用されています [9]。

さて，この主成分分析の手法は，情報工学でも頻繁に使用されます。例えば，ある人の顔写真を撮った場合，その人の顔の特徴だけを抽出したいことがあります（図 1-2B）。図 1-2B の場合，後ろのドアは関係ないですね。このとき，写真は，縦幅，横幅，及びその白黒の濃淡のデータで表現されます。例えば，ある写真が縦に 200 画素，横に 300 画素，白黒の濃淡に 256（画素値）で表現されていた場合，15,360,000 個のデータ空間で表現出来ます。しかし，これだけのデータ空間で説明されても，人間には把握し難いので，端的に特徴だけを抽出しようとします。この顔の特徴だけを抽出する際に主成分分析を用います（図 1-2B）。もちろんここで使用する主成分分析は，心理学で用いる分析よりも少し込み入っているのですが（主成分分析を多段階で行い，それぞれの段階でエラー率を設定する），基本的な考え方は一緒で，次元圧縮を行います。その結果，この人の顔を 68 個の特徴で捉えられます（図 1-2B）。主成分分析はデータ圧縮の際に必須の解析技術で，大量のデータを解析する情報工学ではこれからも必須の基盤技術と言えるでしょう [10]。この基盤技術は心理学の研究者が開発したということを覚えておいてください。

また，心理学が情報工学に寄与した解析法として有名なものに誤差逆伝播法があります [11]。心理学者は，どのようにして人間が複雑な図形を認知するのかを研究してきました。その際考えられたモデルは，まず簡単な図形を知覚し，その知覚した内容をより高次の層へ伝播していくことで，複雑な図形を認知するというものでした（図 1-3A）。このとき課題になったのは，図形を正しく認知しなかった場合に，どのようにしてその誤りが学習されるのか，ということでした。

このときの学習の仕方を数理的に示したのが誤差逆伝播法になります。誤差逆伝播法では，まず人間がイメージした図形と正しい図形との誤差を測定します（図 1-3B）。この図の場合だと，頭の丸い図形が頭の四角い図形と誤解されていますね。この誤差が発生した場合に，出力から入力の層へ向けて，誤差が発生したというのを「逆伝播」し

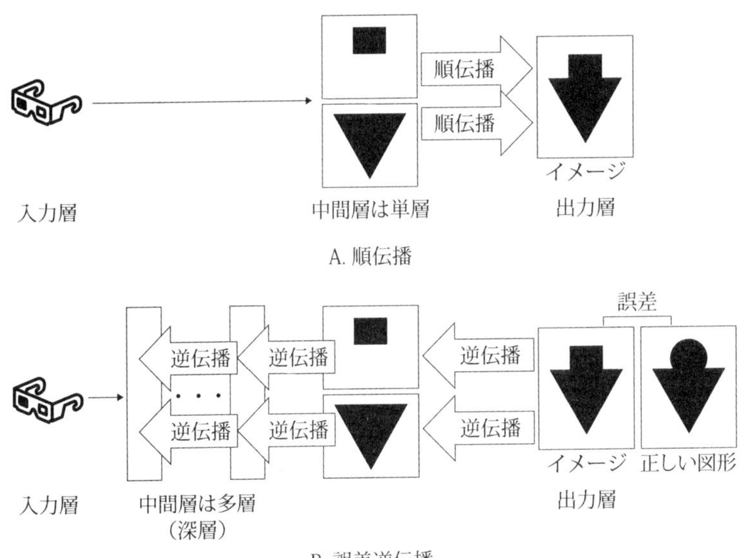

図 1-3　順伝播と誤差逆伝播

ていきます。この逆伝播によって，出力に関連した直前の層だけでなく，入力に近い層まで誤差が逆伝播されていき，学習が多層で可能になります。つまり，誤差逆伝播法は，多層での学習を可能にしたと言えます。

この誤差逆伝播法は，情報工学における機械学習にとって必須の解析法になりました。というのも，この誤差逆伝播法が開発される前は，出力に関連した直前の層しか学習できなかったので，機械学習で入力と出力を結んでいたのは１層しかありませんでした。1 層だけの場合，線形分離可能な課題しか解けなかったので，機械学習で学習できる内容は極めて限定的でした [12]。なお，線形分離可能な課題というのは，２次元平面で考えた場合，１次元の直線 1 本で分離可能な課題のことを言います。例えば，xy 座標の２次元平面で（1, 0），（1, 1），（0, 1），

(0, 0) という正方形の4つの頂点を考えた場合，xが0.7よりも大きい点という課題でしたら，x=0.7という直線を引いて，その右側に位置する（1, 0), (1, 1）が正しい分類として特定出来ますね。この場合は線形分離可能な課題と言えます。一方，この正方形の中に含まれる点ということでしたら，(0.2, 0.2）や（0.6, 0.6）などが該当するのですが，正方形の中に含まれる，ということを記述するためには一本の直線では記述出来ませんね。そのためこういった課題は線形分離不可能な課題と言えます。誤差逆伝播法が開発されるまでは，線形分離可能な課題しか解けませんでしたので，機械学習で解ける課題はかなり限定されていました[12]。

一方，この誤差逆伝播法が出来てから，多層なニューラルネットワークが構築可能となり，機械学習で学習できる内容は線形分離不可能な課題にまで拡張され，現在のような発展を築きました。深層学習（ディープラーニング）とは，学習が入出力から離れた深い層にまで及ぶということを意味しますので，誤差逆伝播法は深層学習を可能にした基盤技術と言っても過言ではありません。この誤差逆伝播法は機械学習のテキストで必ず紹介されていますので，興味のある方はご覧ください[13]。もちろん，誤差逆伝播法は心理学者単独の仕事というよりも，コンピューター科学者との協働があったので[14]，その部分は考慮する必要がありますが，認知科学の領域で心理学者が現在の機械学習の発展に多大な貢献をしたということは覚えておいてください。

１章２節　心理学の知見を情報工学へ輸出２：質的モデル

心理学は情報工学に対して解析法だけでなく，質的モデルでも貢献をしています。機械学習で使用するニューラルネットワークという言葉は神経回路という意味です。ここから推察されるように，神経心理学の質的モデルは情報工学に生かされています。例えば，神経心理学

（神経生理学）者は，猫の視覚実験を通して，特定の傾きにのみ反応する脳細胞が第一次視覚野にあることを発見しました[15]。この知見を基に，人間の脳は，一つの図形を見た際に，単独の脳細胞が反応するのではなく，多数の脳細胞が同時並列的に反応するというモデルが構築されていきます。また，第一次視覚野で処理された結果は高次の層で統合されると考えられるようになります。例えば，低次の３つの層で「左下に傾いている」「平行である」「右下に傾いている」という情報が上位の層に行き，「逆三角形」であると統合されます。この層で

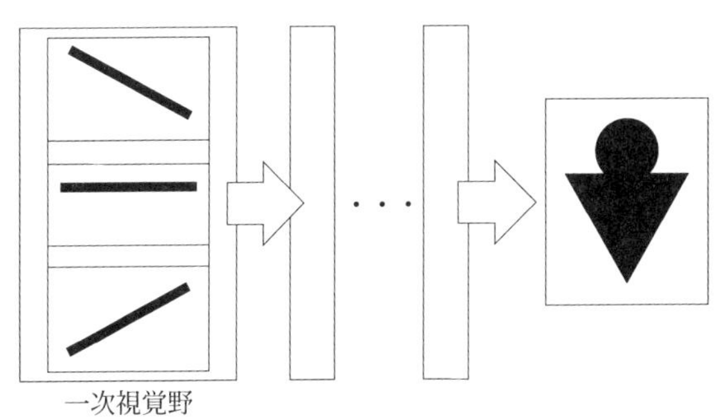

A. 神経心理学での視覚モデル

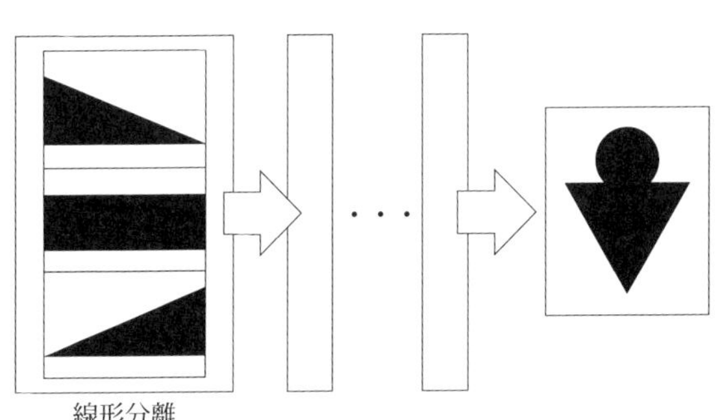

B. 情報工学での多層パーセプトロンモデル

図 1-4　心理学と情報工学でのパターン認識

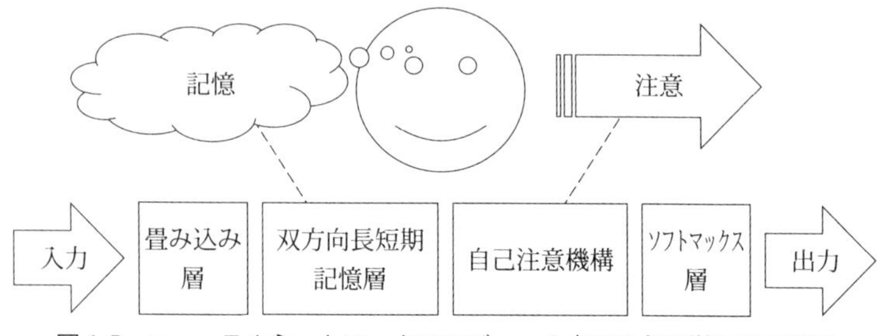

図 1-5　ニューラルネットワークのモジュール内での心理学用語の利用

「逆三角形」と「円形」という出力がさらに上位層でまとめられて，トイレのマークを示していると最終的に認知されるようになります（図 1-4A）。

この視知覚の質的モデルはそのまま機械学習のニューラルネットワークのモデルとなります [15]。つまり，入力層付近では，線形分離可能な図形に反応する単純な層を構築し，入力層から離れていくにしたがって，より複雑な図形に反応するような層が組み立てられていきます（図 1-4B）。もちろん，現在のニューラルネットワークは人間の脳の階層よりも高次な層を設定しており，全く同じわけではないですが，ニューラルネットワークのモデルが神経心理学を基にしているということは理解しておいてください。

また，心理学の質的モデルは，ニューラルネットワークの個々のモジュール（構成要素）にも活かされています。図 1-5 は，音声入力に基づいてその音声の情動を推定する際に使用される一般的なモデルになります [8]。このモデル内のモジュールに双方向長短期記憶層と自己注意機構というのがありますが，これらのモジュールは深層学習を行う際に幅広く使用されています。これらのモジュールは名前からも分かるように，記憶や注意という心理学の質的モデルに基づいて，構築されています。その他にも教師なし学習で使用される強化という概念は心理学の強化学習という質的モデルに由来します。もちろん，長短期記憶の研究領域は，情報工学の影響によって発展した経緯がありますので，純粋な心理学の影響とは言えないのですが，質的モデルがニューラルネットワークのモジュールにも影響を与えているというのは理解しておいてください。

１章３節　情報工学の知見を心理学に輸入１：新たなデータ構造

さて，これまで心理学が情報工学に影響を与えてきた経緯を説明してきましたが，情報工学も心理学に多大な影響を与えてきました。その最たる例は機械学習で提供される良質なデータと言えるでしょう。例えば，顔の表情に基づいて情動推定する研究は古くから行われてきました。特に顔の表情筋肉の動きに基づいて，顔の運動を推定する研究は妥当性の高い知見を生み，心理学では非常に有名です [16]。しかし，これらの研究では，約 50 ミリ秒（0.05 秒）ごとに顔の動きを人間が評定していましたので，人手も必要でしたし，時間もかかりました。そのため,臨床でこれらのデータを扱うことは非常に困難でした。

一方，近年の機械学習の発展によって，人間の動きを機械が自動で評定することが可能になりました。機械の場合，人手もかからず，時間もかからず，その上同じ画像に対しては同じ評価を返してくれるので,データの量と評価精度が大幅に改善されました。これを契機に,人間の運動に基づいて，人間の情動を推定する研究が盛んに行われるようになりました。特に臨床場面で，治療者とクライエントとの運動の相互作用に基づいて心理療法の治療効果を測定した研究は有名になりました [17]。この研究の流れを引き継いで,人間の顔の配置から情動を推定する研究も盛んになりました [1]。この研究では，幸せ，恐怖，怒り，侮蔑，悲哀，驚き，中立という７つの情動における典型的な顔の

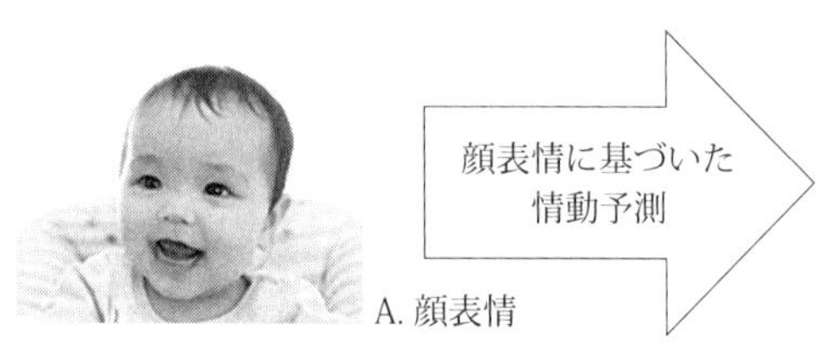

	確率
幸せ	0.97034
恐怖	0.00042
怒り	0.00026
侮蔑	0.00001
悲哀	0.00041
驚き	0.00013
中立	0.02842

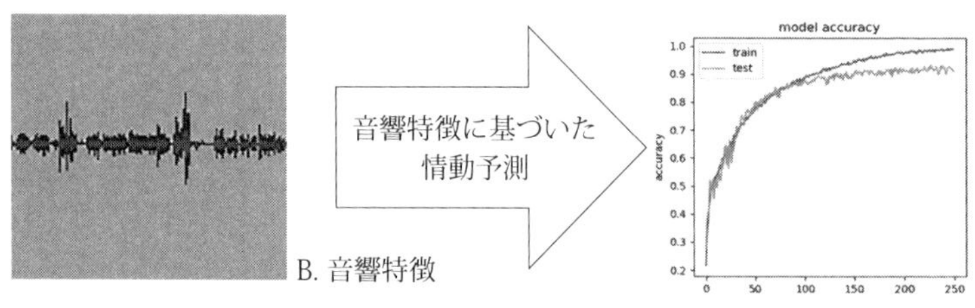

図 1-6　機械学習に基づいた情動の予測

配置をあらかじめ機械に学習させておきます。こうして学習されたものは，顔の配置を入力すると，その顔が 7 つの情動のどれに該当するかを分類するようになりますので，分類機と呼ばれます。この分類機を用いて赤ちゃんの笑顔を分類させた結果が図 1-6A にあります。笑顔表情になっているので，幸せな表情の確率が約 0.97（97％）と高いですね。一方，侮蔑や悲哀などの確率は低いので，この表情に基づいて，この赤ちゃんは幸せ情動を表出している，と推定することが出来ます。臨床場面では，治療者とクライエントとの表情を同時に測り，両者の表情がどの程度同期しているかというのを測っていきます [1]。この内容については第 2 章で詳しく説明します。

さて，顔の表情に基づいた情動推定の研究と同程度の歴史を持つのが，音声の音響特徴に基づいて情動を推定する研究です [18]。この音響特徴の研究では，音声を録音し，その録音データから子どもの情動を推定する研究が盛んに行われてきました [18]（図 1-6B)。ただ，臨床では，音声データは画像データよりも二つの点で扱い難かったところがあります。一つ目は，複数の音声が容易に交絡し，分離しにくかった点です。例えば，面接を動画で録音している場合，仮に一つのカメラに同時に二人の顔が映り込んだとしても，後で画像を分割することが可能なので，容易に顔を個別に分割することが出来ました。一方，音声の場合は同時に発話されると，それらを分離するのが難しく，分離するためにはあらかじめ人数分のピンマイクを用意しなければなりませんでした。二つ目は，発話ターンの分割です。音声会話の前提条件として，発話ターン（一方が話している時はもう一方は黙っている）に基づいて分割する必要があるのですが，この分割を人間が行っていたので手間も時間もかかってしまい，実用には不向きでした。

これらの二つの難点はそれぞれ音声分離課題やターン推定課題として情報工学では扱われているのですが，こういった課題も最近では部分的に解けてきました [19]。その結果，臨床でも音声発話を扱えるようになりました。臨床場面では，音声分離をし，発話ターンを推定した後に，ある人の音響特徴に基づいて情動推定することになります。前処理が必要なので多少骨が折れますが，この部分についても有意義な結果が得られています [2]。この点については第３章で説明します。

さて，動画や音声だけでなく，自然言語（日本語や英語など，人間が日常的に使用している言語）についても新たな研究が行われるようになってきました。これまでの心理学の自然言語に関する研究は，特定の語彙をカウントしたり，その語彙が意味する内容に基づいて，人間関係を推定したり，認知機能を推定する研究が多かったです [20]。これらの研究は有意義なのですが，日常生活での自然言語を処理しようとすると，途端に難しくなりました。なぜなら，日常生活で使用される語彙は大量で，自然言語のデータ量が膨大になってしまうからです。

また，音声などで録音されていた場合，それを逐語化しなければなりませんので，膨大な人手が必要になりました。

例えば，依存症の治療で動機づけ面接法というのがありますが，この面接法では，クライエントの発話内容によって，そのクライエントがアルコール依存症を再発するかどうか予測出来ます[21]。この研究は心理療法を自然言語の点から捉えたという点で画期的なのですが，一つ難点がありました。それは，心理療法の発話を全て人手で分類したことです。分類基準は明瞭なのですが，それを人手で分類したため膨大な時間がかかりました。1時間の面接の場合，10分の発話を逐語化するのに1時間ほどかかるのが通例ですので，この場合6時間はかかってしまいます[22]。その後に分類を行うのですから，相当時間がかかります。こんなに時間がかかるので，臨床現場でこういった解析をするのは難しかったのです。

この問題を解決したのが，自然言語処理による分類機でした。自然言語処理とは自然言語を機械に処理させる技術体系です。また分類機とは，あらかじめいくつかのデータとそれに紐づいたラベルを学習させたもので，新たなデータが提示されたときに，そのデータに該当するラベルを示す機械のことです。さて，この研究では，マニュアルで示されている発話と0.01%の発話をもとに分類機にラベルを学習させます。次にその分類機を用いて，残りの99.99%の発話データを解析し，ラベルを予測させます。その結果，この分類機を用いることで膨大な発話データ（150万以上の発話）を分類（ラベル付け）・解析することが出来るようになりました（図1-7A）。この結果の詳細については第4章で説明します。

もう一つ良質なデータを示している例として，社会ネットワークがあります。社会ネットワークがその人の精神的健康や職業選択に影響を与えることは古くから知られています。例えば，支持的なサポート

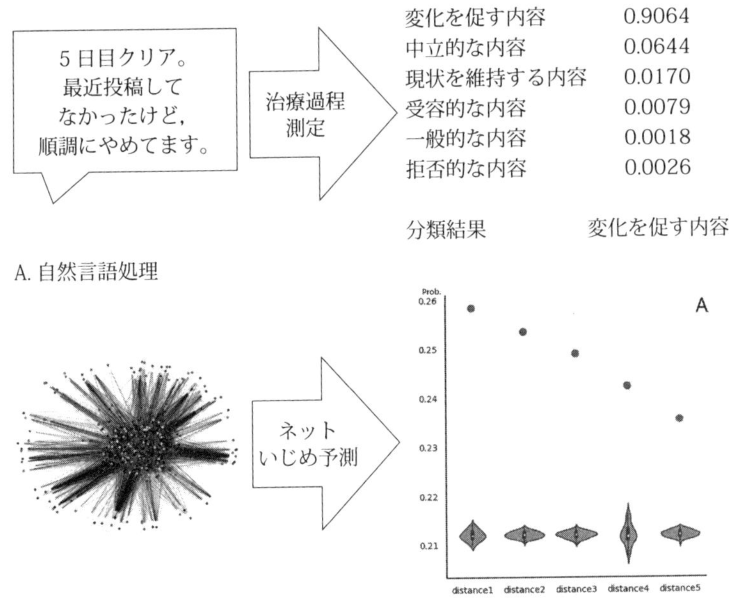

図1-7　自然言語と社会ネットワーク

のある方はそうでない方よりも自殺リスクが低いということが指摘されています[23]。また，就職・転職する場合に，幅広く人間関係を築いていた方が有利であることも指摘されています[24]。

このように社会ネットワークはさまざまな影響を及ぼすのですが，従来の心理学では，このネットワークを質問紙によって調査していました。この場合，全て正確に答えてくれればいいのですが，いくつかのネットワークを忘れていたりすることはあり得ます。特に，本人が普段接する人ではなく，たまにしか接さない人になると正確な報告を得るのはかなり難しくなります。

この問題を解決したのが，ヴァーチャルコミュニティです。ヴァーチャルコミュニティとは，インターネットを介してやりとりを行うコミュニティのことです。このヴァーチャルコミュニティでは，ある人が誰といつ出会い，どんな内容をどんな頻度で話し合ったかというのが詳細に記録されています。言い換えれば，人と人との社会的ネットワークを客観的データで大量に蓄積し得るのがヴァーチャルコミュニティと言えます。ヴァーチャルコミュニティの場合,「誰といつどこで何回会った，もしくは，会っていない」というのを正確に記録し得るので，本人の自己報告よりも正確なデータと考えられます。このヴァーチャルコミュニティの出現によって，社会物理学という分野も活性化しました[25]。この分野は社会現象を物理法則で説明しようとしているのですが，この分野が活性化したのは，ヴァーチャルコミュニティのデータが，多くの物理学者から見ても量的・質的にも物理学の解析手法が通用し得ると考えられたからに他なりません。

このヴァーチャルコミュニティを用いれば，ある人がどんな人達とネットワークを築いており，そのネットワークの特徴がその人の精神的健康に与える影響を把握することが出来ます（図 1-7b)。第 6 章ではネットいじめを中心にデータを分析し，社会ネットワークによってネットいじめが伝播していくプロセスを説明します。

1章4節　情報工学の知見を心理学に輸入2：体験装置

情報工学は良質なデータを心理学に示し，それが心理学の研究発展に寄与しているだけでなく，同時に情報工学は新たな体験装置も提供しており，それが心理学の研究に寄与しています。

その最たる例は，ヴァーチャルリアリティと言えます。ヴァーチャルリアリティでは，図 1-8A の装置を付けてもらうことで架空現実を体験することが出来ます。装置を付けた人はもちろん架空現実である，ということを知っているのですが，そこでの出来事をあたかも現実で起きたかのように感じることが数多く報告されています。

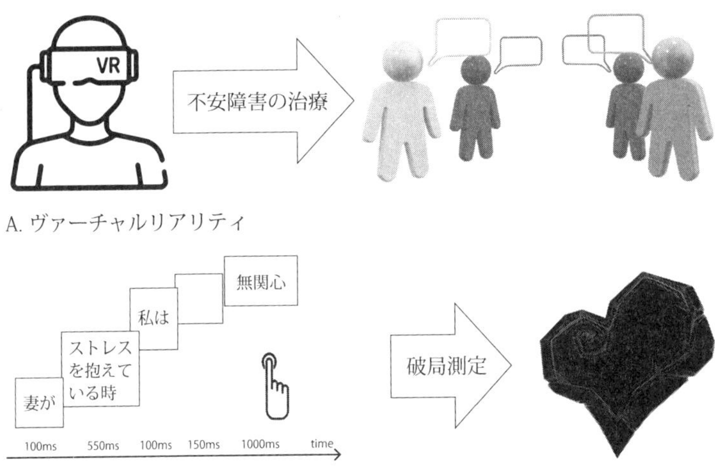

A. ヴァーチャルリアリティ

B. 潜在態度テスト

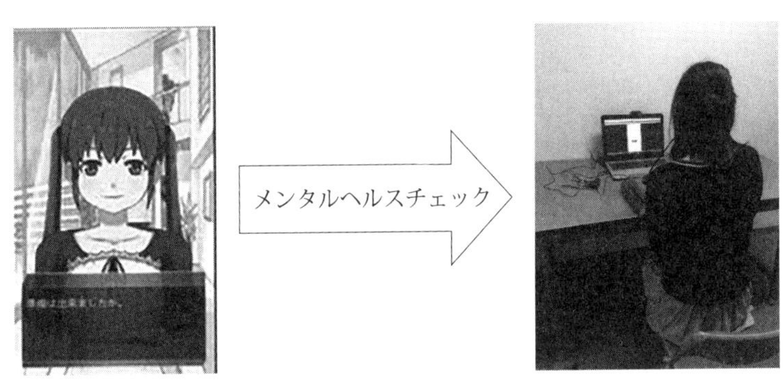

C. 音声対話システム

図 1-8　情報工学による新たな体験装置

臨床では，このヴァーチャルリアリティが不安障害の治療で利用されてきました。不安障害とは，周囲の環境に対して過剰な不安を持ってしまい，その不安のために社会経済活動が著しく制限されている状態を言います。例えば，人前で話すのが苦痛なので，発言を求められるような授業は全て休んでしまう方などが該当します。これまでの不安障害の治療では，暴露療法を行うことが推奨されてきました。暴露療法とは，不安障害の方が不安に思っている状況をありのままに体験して，正確な状況把握を促す治療法です。例えば社交不安障害の方で，人前で話すのが苦手な方には，人前で話したときにどんなことを感じているか，どんなことに着目しているかということを詳細に報告してもらいます。社交不安障害の方のほとんどは，社交場面を過剰に警戒していますので，その方がありのままに状況を報告する過程で，自分の不安は過剰であることに気づいたり，実際に警戒していたことはほとんど起きないことを体験したりすることで，当初の不安が和らいでいきます[26]。

このありのままの状態に気づく，というのを実際の場面ではなく，ヴァーチャルリアリティで体験してもらう研究があります[27]。ここでは，ヴァーチャルリアリティとして，聴衆が関心を持って注目している場面から聴衆が全く関心を持たず好き勝手に座っている場面までを作ります。二つとも緊張感が高まる場面ですが，前者よりも後者の方が不安が高くなりやすいです。こういった場面設定をした上で，この仮想空間で社交不安の方に実際に話をしてもらいます。話をしながら，そのとき何を感じ，何に注目していたのかというのも聞いていきます。ここは暴露療法と同じです。このヴァーチャルリアリティの設定で定期的に話をするようにしてもらうと，従来の暴露療法と同様に，社交不安の症状が低減することが指摘されています[28]。

ヴァーチャルリアリティならば，理想的な設定を自由に設定出来ますし，その設定を何度でも体験することが出来ます。例えば人前で話すのが苦手な人に対して，ヴァーチャルリアリティでは話を聞かない人の割合を自由に変更することも出来ますし，聴衆の態度を前回と全く同じようにすることも可能です。一方，現実ではそのような設定を組むことは難しいでしょう。こういったヴァーチャルリアリティによる新たな体験形式は心理療法でも生かされています。例えば，飛行機に乗るのが怖い方に対して飛行機に乗る場面をヴァーチャルリアリティで経験することによって克服する，といった手法も 20 年前から報告されています [29][30]。

また，カップルの破局を予測したり，潜在態度を測ったりするテストとしての Go/No-Go 課題場面も有名です。この課題では,「妻が」「ストレスを抱えている時」「私は」という文面が文字数に合わせてそれぞれ 0.1 ～ 0.5 秒ほど続いた後に,「無関心」という単語が 1 秒間提示されます（図 1-8B)。ここで実験協力者は，肯定的な単語が出てきたらボタンを押してください，という教示を受けていますので，この場合はボタンを押さない，という反応が正解です。しかし，実際にやってみると，妻に対して常日頃から無関心である夫は,「無関心」という単語と「妻」という単語の組み合わせが，正しいと思いやすいために，誤ってボタンを押してしまうことが報告されています。

従来の質問紙ですと，こういったことを聞いても社会的な望ましさの観点から，妻に無関心であるというのを報告する夫は少なくなりやすかったのですが，この検査の場合社会的望ましさの影響がほとんど出ず，素直な反応が出ることが分かってきました。というのも，考える余地もなく瞬間的に反応しているので，潜在的な態度が出やすいからです。最近では質問紙よりも潜在態度テストの方がカップルの破局を予測しやすい，ということも指摘されています [31]。こういったミリ秒単位の実験装置が作れるようになったのも情報工学のお陰と言えます。

さらに，音声対話システムも，新たな体験装置と言えます。音声対話システムとは，音声を通して人間と対話が可能な機械のことを示しています（図 1-8C)。この音声対話システムは駅の案内などで最近見かけるようになりましたが，精神疾患の面接にも使えることが指摘されています[4]。

精神疾患の評価で現在最も信頼された手法は，専門家による構造化面接法です。精神疾患の構造化面接法では，面接者の質問する文言や質問の順序が全て固定されており，そこでのクライエントの反応は全て特定のクラスに分類され，数値化されます[32]。専門家の構造化面接法による精神疾患の評定は最も信頼し得ると考えられているのですが[33]，一つ問題があります。

それは，専門家の社会的地位や性別がクライエントの反応に影響することです。社会的に権威のある専門家が違法行為を聞く場合，クライエントはその影響を受けて話さないことが指摘されています[34]。また，女性のクライエントにとって，男性の専門家に女性の身体的特徴を率直に答えるのが難しいということも指摘されています[35][36]。これらは総じて評価懸念と言われます。つまり，話している最中に聞き手の顔色が気になってしまい，話す内容が変わっていってしまうことを言います。人間が聞き取りをすると，この評価懸念が出てしまうことが指摘されています。

一方，音声対話システムの場合，聞き手は機械なので，この評価懸念がほとんど生じません。話し手が,「所詮機械だから」と理解しているために，評価されるという懸念自体が生じません[37]。そのため，違法行為や性的な内容については，専門家よりも音声対話システムの方に報告しやすい，ということが言われています[4]。この内容の詳細は第５章で説明します。

なお，ヴァーチャルコミュニティも新たな体験装置と言えます。というのも，インターネットによる匿名性の確保によるコミュニケーションは，対面のコミュニケーションと異なった特徴をもっており，より自己開示がされやすく[5]，かつ，攻撃的言動が出やすい[38]とされるからです。また，一般のユーザーが数時間の間に数万人から賞賛されたり，もしくは攻撃されたりする，というのも対面のコミュニティでは起こり難いですので，これも新たな体験装置と言えます。この点の詳細については第６章で説明します。

１章５節　終わりに

本章では，心理学と情報工学との相互交流の歴史を簡単に説明しました（図 1-1）。心理学が解析法及び質的モデルで情報工学に寄与する一方で，情報工学が良質なデータと体験装置で心理学に寄与していることを示しました。以降の章では，情報工学の良質なデータと体験装置を通して，心理現象を記述・説明していきます。

本書の特徴は，情報工学の良質なデータと体験装置を通した心理現象の説明になっていますので，情報工学の知見を心理学に輸入することが説明の主眼になっています。

しかし，本書が扱う領域，つまり心理情報学（psychoinformatics）の目的は，これらの輸入を経たうえで，心理学の研究を進め，新たな解析法や質的モデルを情報工学に再び提示することにあります[39][40]。そのため，どのようにすれば，新たな解析法や質的モデルを構築できるか，という観点で以降の章を読み進めていっていただければ幸いです。

第2章

治療同盟の画像処理

2章0節　要　　約

この章では,「治療者とクライエントとの顔の同調から治療同盟は推定できるの？」という質問に答えています。治療同盟の先行研究を説明した後に，治療同盟の従来の質問紙による測定法を紹介します。従来の質問紙による測定法では，クライエントの治療に対する期待が入ってしまい，治療同盟そのものを測定することが困難であったことを指摘した上で，顔運動及び顔表情の同調から治療同盟が推定できることを示します。調査協力者は 55 名の大学生と 1 名の臨床心理士・公認心理師で，両者の面接中の顔運動及び顔表情の同調を検討しました。顔運動及び顔表情の同調はオンライン会議などでも測れるため，遠隔面接などで有益な指標になることを指摘しています。

2章1節　治療同盟の先行研究

治療同盟（Therapeutic alliance）とは，治療者とクライエントとの対人関係の質と定義され，古くから研究されています [41]。例えば，精神分析では治療者とクライエントとの関係にクライエントが過去に繰り返し体験してきた関係が投影されており，その関係をクライエントが洞察することによって治療効果が上がることが示されています [42]。また，来談者中心療法では，治療者がクライエントに共感（クライエントが現在どのように感じており，どのようなことを表現しようとしているのかを理解しようと）することによって，クライエントの多くの症状が改善されることも報告されています[43]。同様に認知行動療法では，治療者はクライエントを受容し，エンパワメントする（潜在能力を引き出す）ような態度を前提にして，標準化された治療プロトコル（手順）を実施することが重視されています[44]。また，家族療法では家族が持つ独自の文化を尊重し，その独自の文化をクライエントが表現しやすいように，治療者が治療を展開していくことが重視されています[45]。これらの例から，心理療法のどの学派でも，治療者とクライエントとの治療同盟を重視しているということが推察出来ます。

この治療同盟には，個人的な同盟（クライエントと治療者との個人的関係）と課題的な同盟（治療計画や治療目標に関する契約）の二側面があると考えられています[41]。個人的な同盟については，親子関係や恋人関係の愛着（情緒的な絆）を考えると分かりやすいですね。愛着が築けている親子関係では，小さな子どもは親が何もしなくても，親がそばにいるだけで安心することが知られていますし[46]，同様のことは成人した恋人関係でもお互いがいるだけで安心するようになることが知られています[47]。この観点で見ると，個人的な同盟の高い治療者は面接室にいるだけで，クライエントを安心させる効果があると考えられます。もう一つの課題的な関係では，治療計画やその目標について，治療者とクライエントとが十分に共有していることを重視しています。治療者側が適切に説明を行い，それに伴って同意を得ているか，つまり，インフォームドコンセントを丁寧に得ているかどうかも治療同盟に影響すると考えられています。この二つの側面は互いに独立というわけではなく，互いに関連しあっていますので[41]，そこは誤解しないようにして下さい。

さて，この治療同盟がさまざまな学派で現在でも幅広く研究されている最大の理由は，心理療法の効果に対して影響力を持つからです。例えば，成人のクライエントを対象にした研究では，治療手法によらず，治療者とクライエントとの治療同盟が治療効果を予測することを示しています[48]。この治療同盟の構築には，治療技法ではなく，治療者個人の持つ柔軟性や正直さなどが影響すると考えられており，心理療法の共通因子とも考えられています[49]。別の研究では，治療者の特徴の方が，クライエントの特徴よりも，治療同盟に影響を与えるとされています[50]。また，治療同盟の効果はクライエントが子どもや家族の場合でも成立しています[51]。例えば，この研究では，どの治療法でも共通して治療効果を高める治療者のスキルは，子どもや家族が情動表現をしやすいように促したり，彼・彼女らの経験したことについて積極的に聞き取ったりすることとされています[51]。これらはいずれも治療同盟構築時に治療者が使用するスキルであり[45]，子どもや家族との治療同盟が治療効果に寄与していることを伺わせます。つまり，治療者とクライエントとの治療同盟の研究は，現在でも治療効果を促すための重要な研究と言えます。

2章2節　治療同盟を測定する手法とその課題

この治療同盟を測定するためにさまざまな手法が開発されてきましたが，最も妥当な手法として考えられているのは治療同盟を観察した後の質問紙法になります。質問紙の評価者は，クライエントか，治療者か，もしくはそれ以外の外部評定者（クライエントや治療者のことを全く知らない専門家など）になります[52]。クライエントが成人している場合は，クライエントによる評定の方が治療効果との関連が高いとされています[53]。一方，クライエントが子どもの場合は，治療者による評定の方が治療効果との関連が高いとされています[54]。なお，外部評定者は，治療同盟を上手く評定できないことが多く，あまり使用されません[52]。

治療同盟の質問紙では特にWorking Alliance Inventory（WAI）[55]とVanderbilt Psychotherapy Process Scale（VPPS）[56]が有名です。WAIは36項目７件法の質問紙で，「彼と一緒にいると違和感がある」などの質問項目からなり，３回目の面接後に実施することが推奨されていますが，初回面接時などでも使用されます[57]。クライエント用と治療者用があり，成人のクライエントではクライエント用が主に使用されます。また，課題因子，絆因子，目標因子の三つに分けられていますが[57]，全てを一まとめにして使うことが多いです。VPPSはもともと治療同盟を外部評定者が評価するために作られましたが，クライエントや治療者が治療同盟を自己評価するように改変された質問紙の方が広く使われています[58]。VPPSは44項目で５件法の質問紙からなり，７つの因子が想定されています。こちらもクライエント用の質問紙が広く使用されています[59]。

心理療法のセッションごとに治療同盟と症状改善を質問紙で測った研究では，前の回の治療同盟が次の回の症状改善に正の効果を及ぼすことが分かっています[60]。これは，治療者がクライエントと良好な治療同盟を築けている場合，クライエントの症状が改善しやすいということを示しています。面白いことに，この研究では，前の回の症状改善が次の回の治療同盟にも影響を及ぼすことも分かっています[60]。これは，心理療法を受けて，症状が改善したと感じたら，治療同盟も改善されることを示しています。これは指摘されてみると確かにそんな気がしますね。

こういった研究は有意義なのですが，一つ問題があります。それは，治療同盟の評定の中に，症状改善の経験やその期待が入ってしまっている，という懸念です（図2-1）[52]。心理療法のセッションごとに治療同盟と症状改善の正の関連を示した先ほどの研究[60]は，別の観点

図 2-1　質問紙調査による治療同盟の測定とその課題

から言えば，治療同盟の質問紙評定の中に症状改善の経験やその期待が入り込んでいたことを示唆しています。というのも治療同盟の側面の一つとして，課題的な同盟（治療計画や治療目標に関する契約）があるわけですので [41]，心理療法をするにしたがって，計画通りに治療が進んでいたり，治療目標としての症状改善が徐々に達成されていたりする場合は，クライエントも治療者を肯定的に評価しやすいでしょうし，そういったクライエントの肯定的な評価のバイアスが，治療同盟の質問紙評価にはどうしても入ってしまう，という課題があるのです。この課題は，クライエントに質問紙評価を依頼するという構造を取っている限り，容易に解けない課題と言えます。

2章3節　治療同盟を測定する新たな手法

こういった従来の課題を解消するために，近年は，この治療同盟をクライエントと治療者との体の動きの同調（シンクロ）によって測ろうという研究が頻繁にされるようになってきました。というのも，体の動きをミリ秒単位でとらえた場合，その動きを治療者やクライエントがコントロールするのは極めて難しく，意図的な回答者バイアスが入り難いと考えられるからです。つまり，体の動きの同調から治療同盟を測定することで，従来の課題を解消することが可能と考えられます。また，ある人の体の動きが同調していると感じると，その人に対して自分と似ていると思い込みやすく，それが治療同盟の構築に役立つという研究もあります[61][62]。実際，初対面の人でもその人の非言語行動（姿勢や表情）をまねていると，相手から親近感を得られやすいということが報告されています[63]。社会心理学では，これをカメレオン効果と言いますし（相手の行動を真似ているので）[64]，臨床心理学ではジョイニング（相手の文化に参入しているので）といって，治療者が面接の初めに治療同盟を作るために意図的に使用します[45]。つまり，非言語行動の同調というのは治療同盟の一部を反映していると推定出来ます。

さて，勘の鋭い方は気づかれたと思いますが，体の動きが同調する，という現象は，全てビデオカメラで撮影し，パソコンで解析し得ます。つまり，画像処理の解析技術がそのまま使えます。このことをいち早く実証したのがスイスのラムゼイヤー研究室です。この実験では，心理療法に参加した 70 人の外来クライエント（一人平均 40 回の面接）の体の動きを分析しています(図 2-2A 参照[75])。一方の体の動きが多くなる時，もう一方の体の動きも多くなり，お互いの動きが同調していることが確認出来ますね（図 2-2B 参照[75]）。分析の結果，面接中のクライエントと治療者との間で体の同調が高いほど，治療同盟も高くなることが示されています[17]。また，心理療法の面接中に症状が改善した外来クライエントは，心理療法を中断したクライエントよりも治療者との同調が高かったことも示されています[65]。

これらの研究は体の動きに注目していたのですが，顔の動きには着目していませんでした。顔の動きは体の動きと同様に，話し手と聞き手で同調することが分かっているので[66]，これはやる価値がありそうです。そこで我々の研究チームでは顔の動きでも同調が起きるかどう

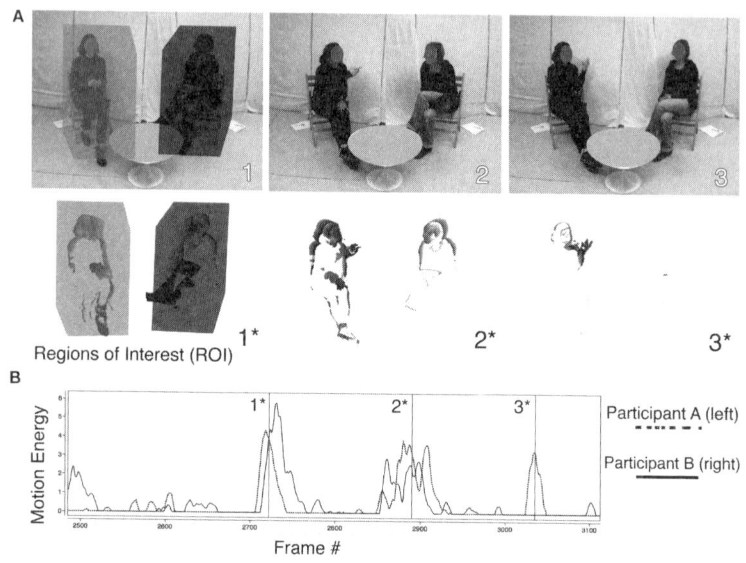

図 2-2　機械による非言語同期（四肢運動）の測定

（出典：W. Tschacher, G. M. Rees, and F. Ramseyer, "Nonverbal synchrony and affect in dyadic interactions." *Frontiers in Psychology*, vol.5, 2014, doi: 10. 3389/fpsyg. 2014. 01323.）

かを確認しました。まず，治療者の面接中の様子を全てビデオカメラで録画します。面接中は，頻繁に上下左右前後に治療者の顔が動くので，正面に向いた形で，かつ，顔の大きさが常に一定になるように標準化します（図 2-3A）。この標準化した状態で，治療者の顔を 68 の地点で把握します（図 2-3B）。これで一つの写真の処理が完了です。その次の写真も同様に解析すると，前と後で顔の位置の違い，つまり動きが測定出来ます。これを何度も繰り返すと面接中の顔の動きが把握出来ます。同様に，実験協力者の顔も録画・解析すると顔の動きが把握出来ます。図 2-3C は 20 秒間の治療者と協力者の顔の動いた場所を示しており，図 2-3D は両者の動きの量を示しています。この二つのデータから二人の顔の動きがどの程度同調しているのかを査定するこ

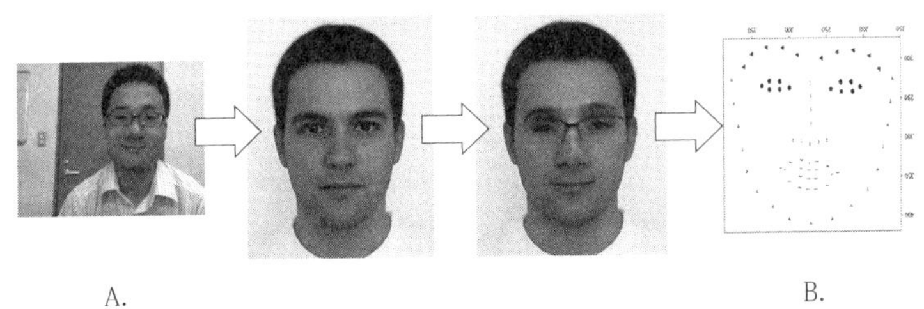

A.　　　　　　　　　　　　　　　　　　　　B.

C. 0-50 フレーム　51-100 フレーム　101-150 フレーム　151-200 フレーム

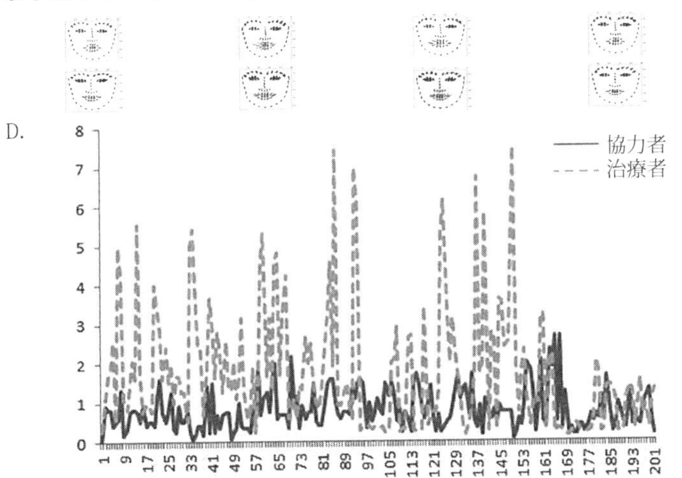

図 2-3　機械による非言語同期（顔運動）の測定

注：0.1 秒ごとに動画からフレーム（静止画）が抽出されているため，C 及び D は 20 秒間の顔の動きを表している。C の上段，下段は協力者と治療者の顔の動きをそれぞれ表している。

とが出来ます。

また，我々の研究では，動きの情動的意味（個人の感情体験の中で，外部から観察可能なものを情動といいます）についても評価しました。例えば，眉間に皺がよったときの動きと口角が上がったときの動きが仮に同じ量を動いたとしても，前者は怒りの情動を伝えやすいでしょうし，後者は幸せな情動を伝えやすいでしょう [67]。つまり，動きの量

A

B

	A-1（笑顔）	A-2（阿鼻叫喚）	A-3（叱責）
幸せ	0.97034	0.0943688	0.00164537
恐怖	0.00041955	0.40032	0.176243
怒り	0.00026209	0.290947	0.497819
侮蔑	0.000012564	0.171526	0.217929
哀しみ	0.00041328	0.0179842	0.025653
驚き	0.00013299	0.00776567	0.0596317
中立	0.0284191	0.0170886	0.0210791

C

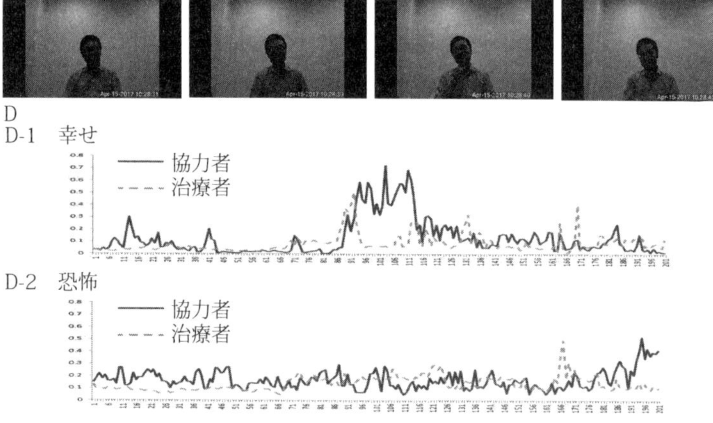

図 2-4　機械による非言語同期（顔表情）の測定

注：0.1 秒ごとに動画からフレーム（静止画）が抽出されているため，C 及び D は 20 秒間の顔の動きを表している。

は同じでもその動く場所によって，伝えられる情動が異なり，それが両者の話し方や治療同盟に影響すると考えられたからです。

従来の研究では，動画の写真１枚１枚に基づいて人手で情動を判定する，という膨大な作業量が必要になっていたのですが[16]，機械学習で表情評価を学習させれば，作業量は大幅に減りますし，精度と信頼性も上がります。例えば，笑顔，阿鼻叫喚，叱責という３枚の写真を判定させると，それぞれの顔写真から，幸せ，恐怖，怒り，侮蔑，哀しみ，驚きもしくはそのいずれにも該当しない中立をどの程度表しているかを高い精度で測定してくれます（図 2-4A, B）。人間だと，ここまで高い精度は出せないですし，判定者が変わったり，日にちを変えて実施したりすると，評価がぶれたりします。一方，機械だとそういったことはありません。

この分類機を用いれば，写真１枚ごとに情動評価が出来るので，面接中の顔に基づいて，治療者と実験協力者の情動を推定することが出来ます（図 2-4C）。図 2-4D からも分かるように，実験協力者が幸せそうな情動を表出しているときは，治療者も幸せそうな情動を表出していますし，実験協力者が恐怖の情動を表出しているときは，治療者も恐怖の情動を表出していますね。また，情動表出で推定されるデータの精度（図 2-4B）が質問紙とは全く違いますね。ほとんどの質問紙は 100 程度までの整数値しかとりませんので，表現パターンは 100 程度です。一方，分類機は 10^{-7} あたりまでの少数点も取れますので，表現パターンは 1,000,000 程度あると言えます。つまり，画像解析のデータの方が，その推定精度が桁違いに高い，と言えます。言い換えれば，分類機を用いれば良質なデータが得られると言えるのです。

さて，これでデータの準備は整ったので，次に同調の説明をします。同調には相称的同調と相補的同調があります[68][69]。相称的同調というのは，お互いに同じ行動をすることです。例えば，一方が笑顔になったときに，相手も笑顔になる，ということです。これは可愛いものを見たときに，お互いに可愛い，可愛いと笑いあっている場面を考えると分かりやすいですね[70]。対照的に，相補的同調というのは，お互いに別々の行動をすることです。例えば，一方が話をしているときは，もう一方が聞くということです。これは二人の会話場面で，一方が口を動かして話している時は，もう一方は口を動かさないということをイメージすると分かりやすいですね。どちらも同調を示しており，互いに治療同盟と関連することが示唆されています[71]。

2章4節　新たな手法によって得られる新たなデータ（成果）

では，実際のデータではどのような結果になったのかを見ていきましょう。実験協力者は実験の趣旨に同意された55名の某国立大学の大学生・大学院生です。協力者の方々は参加の謝礼として1,500円のギフトカードを受け取っています。55名の内，30名が女性で，25名が男性です。平均年齢は22.92（標準偏差2.82）です。治療者担当は男性の公認心理師・臨床心理士1名で，10年以上の臨床経験がありま

図2-5　面接場面の環境
注：奥側が治療者，手前側が実験協力者。治療者と実験協力者に許可を得て撮影。

す。彼が精神科診断面接[32]の日本語版[72]を実験協力者に対して行いました（図 2-5）。

実験協力者は上記の面接終了後に，治療者担当との治療同盟を質問紙で答えました[73]。質問紙は２項目（例：“ カウンセラーに親しみを感じた ”）からなっています。５段階評定で平均 4.44（標準偏差 0.63）でしたので，多くの方がほぼ満点をつけていました。

治療者と実験協力者の顔表情はビデオで録画されており，そのビデオから 100 ミリ（0.1）秒ごとに一つの写真が抽出されました。その結果，1,258,716 枚の協力者の顔が得られました。この中で 5.99% の写真は，協力者が顔を覆ったりしたために，特徴量が十分に抽出されなかったので，その欠損値に関しては，多重代入法で欠損値を補完しました[74]。同様の手法で治療者の顔も抽出されました。

先行研究では面接の初めの 900 秒が使用されていますので[17][65][75]，それに倣って初めの 910 秒をデータ解析に使用しました。また，顔表情の先行研究では７秒間のフレームで区切ることが推奨されていましたので，これらのデータを７秒ごとに区切りました[76]。つまり，一つの区切りには 70 枚のペアの顔データが入っています。最終的なデータは協力者の 7,150 区切り（500,500 個の顔データ）と治療者の 7,150 区切り（500,500 個の顔データ）を分析に使用しました。

以下，結果を示します。まず，情動表出については仮説通りの結果が確認されました。例えば，怒り情動や恐怖情動の相称的同調が高いほど，治療同盟が高くなることが示されました。同様に，恐怖や幸せ情動の相補的同調が高いほど，治療同盟が高くなることが示されました。つまり，情動表出に関しては，相称的・相補的の種類に関わらず，同調が高いほど治療同盟が高くなることが示されました。

一方，顔の動きについては，相称的同調について仮説と異なった結果が一部示されました。仮説とは対照的に，左目の相称的同調が高いほど，治療同盟は低くなりやすいことが示されました（図 2-6A［カラー口絵①］）。一方，左目の相補的同調については，仮説通りでした。つまり，相補的同調が高いほど，治療同盟が高くなりやすいことが示されました（図 2-6B［カラー口絵①］）。この結果については，55 名のデータしかないので，一般化した解釈は難しいのですが，左目の動きが発話行動とリンクしていると考えると分かりやすいかもしれません。例えば，発話するときに左目が動いていると考えると，相手が発話しているときは，他方は発話せずに聞いておく必要があります。そのため，相補的同調が望ましいです。一方，相手が発話しているにも関わらず，他方も発話しようとした場合は，話者の交代がうまくいっておらず，会話がスムーズに進展していないとも考えられます。

2章5節　臨床への応用

さて，顔画像に基づいた治療同盟の測定についてですが，図 2-6 を見ると分かる通り，治療同盟を秒単位で測定していることにこの研究の意義があります。昨今行われているオンライン面接では，治療者がクライエントといかに素早く治療同盟を築くかが，治療のカギとも考えられています [77]。というのも，対面による面接に比べて，オンライン面接では治療同盟を維持し続けることが難しいからです [78]。オンライン面接時に，治療同盟が十分に構築・維持されるためには，本研究の表情分析や表情同期が有用でしょう。これらの指標を使用することにより，秒単位で治療同盟の変動が把握し得るので，治療者は治療同盟を維持するための自助努力がしやすくなるでしょう。

例えば，治療者が子どものクライエントとオンライン面接している際，その面接動画を自動で解析すれば，面接終了後にその面接時の顔表情の同期が把握出来ます（図 2-7）。この表情同期に基づいて，どういった内容が治療同盟の構築に役立ったのか，もしくは役立たなかっ

図 2-7　オンライン面接に表情同期の結果を応用する例

たのかを判断することが出来ます。その判断に基づいて，面接内容の改善を図り，次回のオンライン面接を行うことが出来ます。こういったフィードバックが得られれば，治療者は治療同盟の築き方を学習しやすく，それがクライエントへの治療にも良い影響を与えると考えられます。

こういった非言語行動の同調から治療同盟を測定することによって，二つの利点があります。一つは，心理療法中の中断リスクが評価できるということです。心理療法の最新技術は 10 回から 20 回ほどかかる治療法の中で用いられることが多いです。また，この最新技術のエビデンスは，最新技術を含んだ治療法を全ての回で受けた方は，この最新技術を含まなかった治療法を全て受けた方よりも，有意に治療効果があるということを示しています [79]。裏を返せば，どんなにエビデンスのある最新技術であっても，途中で中断された方に対しては，治療効果が期待できないということになります。例えば，10 回連続で面接を受けてくれたら治療効果がある，と言われる心理療法を３回で中断した人がいた場合，その心理療法の効果がその人に現れるかどうかは分かりません。そのため，臨床家は治療効果を確保するために，クライエントが治療を全て受けてくれるように，つまり，中断リスクを下げるように常日頃働きかけるようにしています。

この中断リスクを下げるのに同調指標が有効です。実際，ある先行研究では，初回面接での体の動きの同調から，その後の中断リスクが評価できることを示しています [65]。毎回の面接時に顔や体の動きの同調を計測し続ければ，次回以降の中断リスクが予測出来るようになりますし，中断に備えたフィードバックも可能になります。つまり，本研究を用いれば，中断リスクをあらかじめ下げることが可能になると言えます。

また，もう一つの利点は，カップル関係など従来は評定が難しかった関係に対しても，動きの同調を測定することによってその関係が測定できるようになります [80]。もちろん，カップル関係を測る質問紙には優れたものが沢山あり [81]，カップル関係を外部評定者が評定する分類表についても優れたものが沢山あります [82]。また，これらのカップル関係の指標が配偶者の死亡率や心疾患リスクと関連するという研究も膨大にあります [83]。

ただし，カップル関係の質問紙にも治療同盟の評価と同様の課題があります。つまり，カップルの質問紙評価では，ジェンダーバイアスが入りやすく，こういった調査協力者のバイアスを取り除くのが難しい，という点です [84]。また，外部評定による行動評価では，評価に時間がかかりすぎて，現場では使えないということが言えます。これらの従来の課題は，本研究の同調指標で解消可能でしょう。つまり，カップルで話し合う場面を設定し，その場面での顔画像の解析を行えば，顔の動きの同調が測定出来ますので，そこからカップル関係の測定が可能になると言えます。これによってカップル関係に対してもその関係性を高精度で測定することが出来ますので，カップルの治療を行う治療者には有益でしょう。

このように非言語行動の同調から治療同盟を測定することは，今後ますます重要になります。面接中の顔や体の動きを録画して，毎回その同調を記録することによって，治療同盟を治療者もクライエントも把握しやすくなるでしょう。また，この治療同盟の指標の提示によって，治療者は文字通りクライエントに対する姿勢に配慮するようになるでしょうし，それがクライエントに対する配慮の行き届いた精神保健サービスの提供につながるでしょう。

第3章

不適応の音声処理

3章0節　要　　約

この章では,「音声同調から不適応は推定できるの？」という質問に答えています。まず不適応の先行研究を概観した後に，不適応の評価の際に用いられる専門家による評価シートを紹介します。従来の評価シートの場合，評価を細かくすると評定者間一致率が下がってしまう難点がありました。音声同調を用いれば，評定を細かくし，かつ，評定者間一致率が保たれ，従来の難点が解消し得ることを確認します。実験では，治療者とクライエントとの対話場面を設定し，両者の音声同調がクライエントの不適応と関連することを検討します。その結果，治療者とクライエントとの間に侮蔑情動の同調が起きている場合は，そうでない場合に比べて，クライエントが不適応を示しやすいことが示されました。不適応の測定に関しても評定を細かくしていく必要がある旨を指摘します。

3章1節　不適応の先行研究

世界保健機構に基づけば，不適応（disability）は，図 3-1 のように定義されます [85]。まず，人間の行動は必ず個人とその人を取り巻く環境の相互作用を伴います。例えば，大学生が大学で講義を受ける，という行動を例にとった場合，大学生個人の知的能力や身体能力は個人

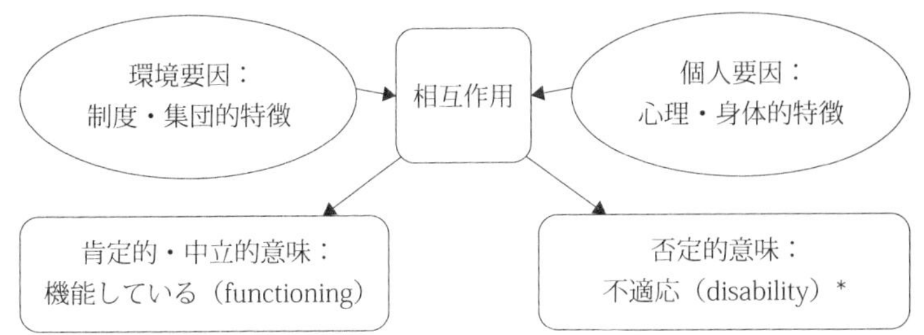

図 3-1　不適応（disability）の概念

* disability は直訳すると「障がい」という意味になりますが，図 3-1 の観点からすると不適応と表現したほうが日本語のイメージと合うので不適応と意訳しています。

要因となり，講義環境や同級生との友人関係は環境要因となります。この相互作用の結果，中立的もしくは肯定的な意味が生じた場合，その人の行動は機能していると言います。例えば，講義を受けることによって知識を得たり，その中で新たな社会ネットワークを築いたりしている場合は，その人は機能している状態（functioning）と見なされます。一方，講義室がうるさかったり，講師の声が小さかったり，もしくは，その人個人の聴こえが苦手だったりして，十分に講義内容が聞き取れていない場合，その人は不適応な状態（disability）とされます。なお, disability は直訳すると「障がい」という意味になりますが, 図 3-1 の観点からすると不適応と表現したほうが日本語のイメージと合うので不適応と意訳しています。

図 3-1 やこの例からも分かる通り，不適応というのは環境と個人の相互作用によって生じていますので，周囲や個人のちょっとした配慮や工夫で改善されることがよくあります [85]。例えば, ある人が講義を十分に聞き取れない場合，講義室の雑音を除去したり，講師の声を大きくしたり，もしくは，その人個人の聴こえを補聴器などで補強したりすることによって，講義が十分に聞き取れる状態になった場合，この人は不適応な状態から機能している状態に変化します。

また，不適応は多くの場合，ある人の行動や社会的参加が制限されている状態を意味します[85]。そのため，身体的な機能不全，という個人的要因から不適応を定義することは不適切であり，実際，身体的な機能不全がそのまま社会的参加の制限に直結するわけではありません[86]。例えば，筆者は近視ですが，視力という身体的機能からすれば，機能不全と言えます。しかし，現代の日本では，眼鏡をかけることで，さまざまな活動は問題なく行えますし，コンタクトレンズを付ければ，激しいスポーツにも参加することが出来ます。つまり，現代の日本社会では，近視によって制限される社会活動はほとんどありません。一方，数百年前の日本でしたら，手持ちタイプの眼鏡しかなく，耳にかける眼鏡が存在しませんでしたので，スポーツなどは出来ませんでした。また，「目上の人に眼鏡をかけて話すのは失礼」という偏見もありましたので，人前で眼鏡を掛けにくく，社会的参加は制限されていました。つまり，数百年前の日本社会では，近視によってさまざまな社会的活動が制限されていました。これらの例から分かるように，近視であるということは身体的な機能不全ですが，その機能不全を補償するような環境が整っているかいないかによって，社会的参加の制限の有無が変わり，適応・不適応が変わるということが言えます。ここでは視覚障害の話をしましたが，さまざまな障害について，上記の話は成立します。実際，聴覚障害や注意障害の方でもその方々が住む環境によって，適応・不適応が変わることが多く報告されています[87][88]。

3章2節　不適応を測定する従来の手法とその課題

世界保健機構では，こういった不適応を測定するために，World Health Organization disability assessment schedule 2.0（WHODAS2.0）を開発・標準化しており，過去1カ月間に以下の6つの領域に関する不適応を5段階評定でそれぞれ測っています[89]。この6領域には，認

６領域における交流領域の評価例
これから人と付き合うときの困難さについていくつか質問します。健康上の問題による困難さについてのみ尋ねていることを念頭に置いてください。健康上の問題とは，疾病や疾患，外傷や精神的・情緒的な問題，あるいは飲酒や薬物摂取に関係した問題も含みます。
過去 30 日間にどれくらい難しさがありましたか？

	全く問題なし	少し問題あり	いくらか問題あり	ひどく問題あり	全く何もできない
見知らぬ人に応対する	1	2	3	4	5
友人関係を保つ	1	2	3	4	5
親しい人たちと交流する	1	2	3	4	5
新しい友人を作る	1	2	3	4	5
性的行為をする	1	2	3	4	5

５段階評定で評価し得るという前提なので，表現パターンは５種類に限定されている。精緻なデータを得ることが困難

図 3-2　聞き取り調査による「交流」領域に関する不適応の測定とその課題

知（理解するときに困難さはあるか？），移動（移動するときに困難さはあるか？），自己管理（例，衣服着脱などに困難さはあるか？），交流（他者と交流するときに困難さはあるか？［図 3-2 参照］），生活活動（家事や仕事をするときに困難さはあるか？），参加（地域の活動に参加するときに困難さはあるか？）があります。

WHODAS2.0 は精神疾患と関連することが多く報告されています [90]。というのも現代の精神疾患は，行動や社会的参加が制限されていることを前提にして，精神疾患を定義していますので [91]，精神疾患を多く抱えている方は，WHODAS2.0 のスコアも悪くなりやすいからです。実際，不安症状のある方，抑うつ症状のある方，もしくはストレス障害を抱えている方は全て WHODAS2.0 のスコアが悪いことが報告されています[90]。

このようにWHODAS2.0は現在でも広く使用されているのですが，不適応の測定には一つ問題があります。それは不適応の概念自体が心理的要因や社会的要因が入っており（図3-1），どの要因から不適応を判断するかが評定者によって異なり，評定者間一致率が低くなってしまうという点です[92]。もちろん，徐々に改善されつつありますが，最近まで使用されていたGlobal Assessment of Functioning（GAF）ですと，10段階評定の一致率（κ係数）が0.68であり，3段階にすると0.85になることが報告されています[93]。また，WHODAS2.0はこの点が改善されて，評定者間一致率（級内相関係数）が0.69-0.89の間に収まっていることが報告されています[94]。これらの結果は，領域を分けることによって評定者間一致率を高めた，とも言えますが，その一方では，評定の粒度を細かく（例えば5段階ではなく，100段階に）すると，評定者間一致率が低下する恐れがあることも示唆しています。

また，精神科に入院されているクライエントを対象にした別の研究では，過去1カ月間の状態を正確に想起することが難しいことが多いために，クライエントの自己報告に依存しているのみでは，クライエントが苦しんでいる症状との関連が十分に確認出来ないとも報告されています[95]。この場合は，クライエントの報告を基に専門家が再評定し直す必要があると考えられています。

これらの先行研究は，専門家による評定の粒度を5段階程度に粗く設定し，かつ，1カ月間の状態を正確に想起できるクライエントに限定することによって，不適応の評価が可能になることを示しています。裏を返せば，評定の粒度を細かくしたり，正確に想起できないクライエントを対象にしたりした場合，現在の評価尺度では，十分に不適応を測定できないということを示唆しています。

３章３節　不適応を測定する新たな手法

この不適応を測る新たな指標として近年注目されているのが，音響特徴になります。例えば，ある子どもが遊んでいる時に，周りの話し声のリズム[96]や高さ[97]に同調できない場合，その子どもは不適応になるリスクが高いことが示されています。例えば，周りが話しているリズムの半分のリズムで話す人は，会話についていきにくいでしょうし，周りの話し声よりも１オクターブ高い声で話す人は，周囲から耳を塞がれやすくなるでしょう。

こういった音響特徴は，録音データで扱い得るので，音声処理の知見がそのまま使えることになります。先行研究では，声の高さやリズムといった物理的に知覚できる特徴が注目されやすかったのですが[96][97]，これから紹介する我々の研究では，声から認知される情動的特徴に注目します。というのも，人間は声を聴くだけで，その人が快なのか不快なのかを瞬時に推測することが可能なため[98]，人の声を聴いた時点で相手の情動を認知していると考えられ，その認知された情動に基づいて反応しているとも考えられるからです。

ここでも，画像処理と同じく，情動評価を行う分類機を構築します。分類機を作成する場合は，入力のための前処理，ニューラルネットワークの構築，出力の３段階があります（図 3-3A 参照）。まず，画像処理の前処理で顔の特徴量のみを抽出し（背景画像など不要な情報を削除し）たように，音声処理でも音声の特徴量のみを抽出します。この音声特徴量として頻繁に使用されるのが，メル周波数ケプストラム係数（MFCCs）です。これは心理学者によって考案されたメル尺度を使用します。メル尺度では音響の周波数を人間の知覚に応じて，メル周波数として変換します[99]。人間の聴覚は低音に強く，高音に弱いので，低周波数（低い音）は細かく，高周波数（高い音）は粗く変換さ

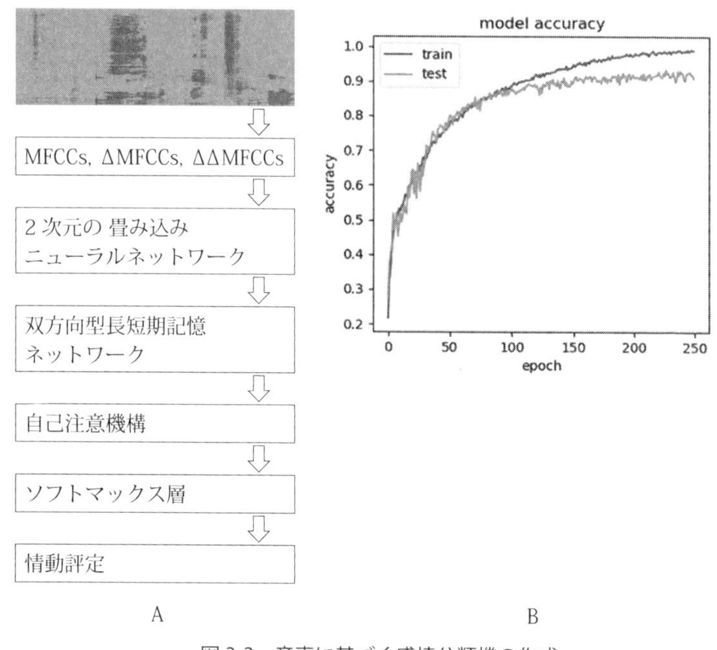

図 3-3　音声に基づく感情分類機の作成
注：MFCCs: メル周波数ケプストラム係数

れます[99]。そのメル尺度をフーリエ変換し，その絶対値に対数をかけ（対数パワースペクトル），さらに逆フーリエ変換したものをメル周波数ケプストラムといいます。このケプストラムにおける 40 次の係数まで抽出したものが本研究の MFCCs です。（なお，この箇所の詳細な説明は本書の範囲を超えるので，ご興味のある方は，類書を参考にして下さい[100]。）このケプストラムを 1 階微分，2 階微分して係数を求めたものがそれぞれ Δ MFCCs，Δ Δ MFCCs と示されています。この前処理によって，3 種類の特徴量が入力値となります。

次に，この入力データから高次元の特徴量を抽出するのがニューラルネットワーク層です。まず，2 次元の畳み込みニューラルネットワークでは，入力データの特徴量の近隣同士をまとめていき（畳み込んでいき），近隣同士で共通する特徴を抽出します。例えば，「aaabbbccc…aaa」という文字列の場合，初めの aaa 同士をまとめるのが得意なのが畳み込みニューラルネットワークです。ただ，畳み込みニューラルネットワークは近隣に強いのですが，遠方同士をまとめるのは難しいので，そのために，双方向型長短期記憶ネットワークも用います。双方向型長短期記憶ネットワークでは，入力されたデータを一時的に保存し，遠方とも関連する特徴を抽出するため，遠方のデータとの関連を示し得る点に長所があります。先の文字列の例だと，「aaa」という文字列が随分後になって繰り返されている，ということを学習させるためには，この双方向型長短期記憶ネットワークが便利です。最後に，自己注意機構を用いて，結果と関連しやすい入力の位置も学習できるようにします。これまでのネットワークがデータの保持する特徴量を学習していたのに対し，この注意機構では，そのデータが表示される位置を学習していきます。先の例だと，初めの「aaa」の文字列の場所が「1, 2, 3」列目にあり，次の aaa の場所が「101, 102, 103」列目にある，というようにその位置を学習し，特定の場所に注目（注意）することで学習効率が上がるように学習します。最後に，これらの高次元のデータをラベル数のみの次元に圧縮します。今回の場合は，情動ラベルが７つなので，７次元に圧縮されます。

最後の出力層では，ソフトマックス関数を用います。ソフトマックス関数では，先ほど圧縮された出力データに対して，それぞれのラベルごとの確率を表していきます。

$$y_i = \frac{exp(x_i)}{\Sigma_k exp(x_k)} \quad \text{（式 3-1）}$$

（式 3-1）の x_i と y_i は先ほどの圧縮されたデータの i 番目の出力データと出力結果をそれぞれ示しています。$exp(x_i)$ はネイピア数（2.718…）を x_i 乗かけた値の事を示しています。なお，ネイピア数は微分・積分しても形が変わらないので，重宝されます。また，k はラベル数です。この情動評定の場合，情動のラベルは 7 種類ありますので，k は 7 となります。ここで分子は 7 つのラベルの一つであり，分母はその総和であることから，（式 3-1）が確率として計算されていることが分かります。前章の画像処理の結果では，縦の列を全て足すと，合計が 1 になっていましたね（図 2-4B）。これはソフトマックス関数を使って，それまでのデータを確率に変換しているからです。

この分類機でデータとそのラベルを学習した結果が図 3-3B になります。なお，ここでの学習データはイギリス人とアメリカ人の公開音声データを用いています [101][102]。図 3-3B でのエポックとは分類機がデータセットを一通り学習したことを示しますので，250 エポックというのは，データセットを 250 回学習したことを示します。また，トレーニングデータというのは，学習用のデータで，テストデータとは，学習には使われていないデータです。多くの場合，全体のデータの 8 割は前者，2 割は後者に割り当てられています。この分類の性能を測定するために正答率（accuracy）という指標を用います。

$$accuracy=\frac{TP+TN}{TP+FP+FN+TN} \quad \text{（式 3-2）}$$

（式 3-2）の TP（True Positive）は，分類機の予想したラベルと教師（正解）ラベルが合致していたことを示します。例えば，分類機が「幸せ」を予想し，教師ラベルも「幸せ」だと TP になります（表 3-4）。また，TN（True Negative）は分類機が予想した通り，教師ラベルに

表 3-4 「幸せ」表情の分類結果例

		教師ラベル	
		「幸せ」と判定	「幸せ」以外と判定
分類機による予測	「幸せ」と予測	TP（真陽性）	FP（偽陽性）
	「幸せ」以外と予測	FN（偽陰性）	TN（真陰性）

注）TP: True Positive, TN: True Negative, FP:False Positive, FN: False Negative

該当しなかった場合を示します。例えば，分類機が「幸せ」以外を予想し，教師ラベルも「幸せ」でなければ TN です。FP（False Positive）と FN（False Negative）はこれらの反対の意味を示しており，それぞれ分類機は「幸せ」と予想していたのに，教師ラベルは違った場合，分類機は「幸せ」以外を予想したのに，教師ラベルは「幸せ」ラベルだった場合を示します。正答率が高いほど正確に分類出来ていると言えるので，一つの性能の指標と考えられます。なお，本章では７つのラベルがありますので，それら７つのラベルに対して７つの正答率を求め，その平均を（平均）正答率とし，分類機の性能指標としています。この分類機では，テストデータでも正答率が９割近くを達成しているので，発声データに基づいて約９割の正答率で情動を分類できるということを示しています。

さて，音声発話の前処理はこれで終わりではなく，音声分離と発話ターン推定の課題があります。まず，音声分離の課題です。二人の人が話している場合，両者の話し声が重なることがあります。この重なったときに，それぞれの話し声を分離しなければ，二人の話し声が同調しているかどうかを判別できなくなります。この音声分離は，話し声の帯域が人間同士で似通っているため，分離することは難しかったのですが，近年では機械学習を用いて，分離が出来るようになっています [103]。

まず，この音声分離機を作成するために，460 時間の個人の音声

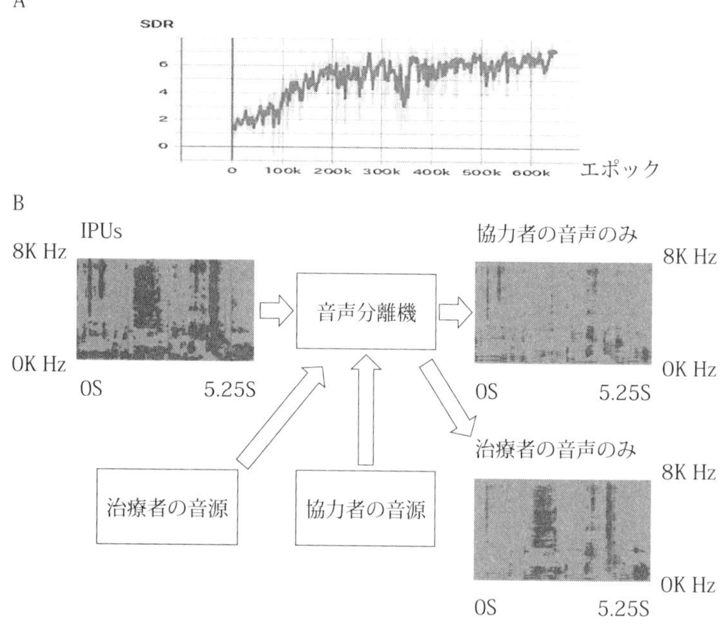

図 3-4　音声分離課題

注：A は，音声分離装置の学習過程を示しています。644,000 エポックの学習の結果，音声分離装置の音声妨害率(SDR)は 7.69 となりました。B は音声分離のスキーマです。音声分離機は，治療者の声と実験協力者の声の音源をまず参照します。次に，Inter-Pausal Units（IPU）を参加者の声とセラピストの声のみの IPU に分離します。B の図は，連続する 5 つの IPU の組み合わせである音声スペクトルを示しています。図中の縦線は音声の周波数（ヘルツ）を，横線は時間（秒）を示します。IPU のサンプリング周波数は 48,000 でしたが，音声分離機は 16,000 のサンプリング周波数で訓練されていたため，被験者とセラピストの IPU のサンプリング周波数は 16,000 に変換してあります。

のみが録音されたデータを用いました（データは多様な人達を含んでいます）[104]。この録音データを２つランダムに混合して，意図的に二人の音声が混声しているデータを作成しました。分離機はこの合成されたデータからそれぞれ一人ずつの音声を抽出します。抽出された音声が元の音声と似通っていればいるほど，良い分離機と言えますので，この方法で分離機を644,000回トレーニングしました（図3-4A）。Signal to Distortion Ratio（SDR）はこの分離がうまくいっているかどうかを示すスコアですが，7.69程度でしたので，ある程度分離出来ていると考えられます（このスコアですと，同性同士の声の分離は上手くいかないのですが，異性同士の声の分離だと上手く分離できるスコアです）。

この分離機を用いて，実際の面接中の音声を治療者の音声と実験協力者の音声に分離しました。治療者と実験協力者の音源は別で録音しており，その音源を参照して，全ての音源を治療者か実験協力者のいずれかに分離しました。また，音声を分離する際，全ての音声を一気にやると処理が重たくなりますので，ここでは間休止単位（Inter-Pausal Unit，IPU）を用いて，音声を分割していきます。IPUというのは，音声発話中に100ミリ秒以上の沈黙が続いたら，その音声は分割し得る，という考えの下，この沈黙を基に音声を分割していく単位です。なお，IPUは音声処理で頻繁に用いられます[105][106]。図3-4Bで示す通り，協力者と治療者の音声が上手く分離されているのが分かりますね。これで音声分離課題は終了です。

次に，発話ターンの推定を行います。会話の場合，お互いにどちらが話し手（発話ターン）であるかが明確に認識されていることが多いです。そのため，表情解析のようなミリ秒ごとの分析ではなく，発話ターンごとの分析が必要になってきます。

そこで，まずモーラ（拍）を推定します。モーラというのは，日本語だと仮名一文字分の音の長さを意味します。俳句で5，7，5といいますが，この数がモーラの数を示しています。このモーラ数を二人が話している発話場面に適用すると，ある発話内で特定の人のモーラ数が多い，ということはそれだけ日本語を多く話している（「この前本当に大変でー」など）と推定出来ますので，その多く話している人が話

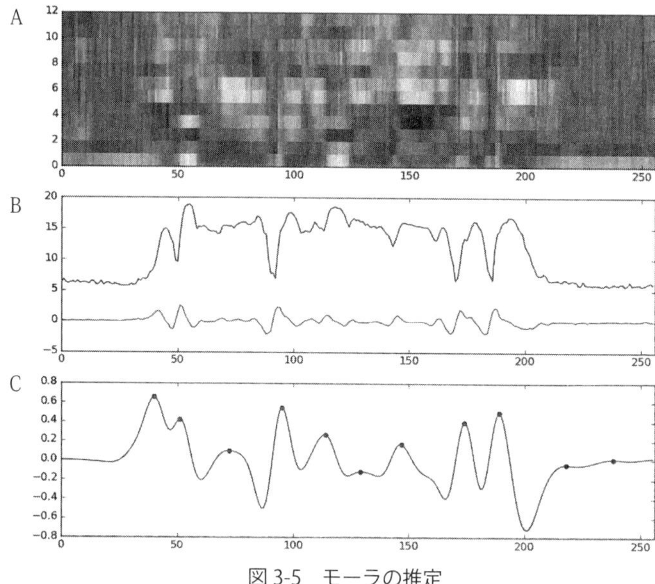

図 3-5　モーラの推定

注：図 A は，12 個の Mel-Scale Frequency Cepstral Coefficients（MFCCs）のヒートマップです。図 B の上の線は MFCCs のパワーを示し，下の線はパワーのデルタを示しています。図 C は，ガウスフィルタをかけて，パワーとデルタの要素ごとの積を求めたものです。点はモーラを示しています。

し手で，モーラ数の少ない（「ふんふん」）人が聞き手だろうと推定出来ます。つまり，モーラ数で話し手が推定出来ると言えます。

ここでは以下の手法でモーラを推定しました[107]。なお，日本語のモーラ推定や発話推定についてはさまざまな手法が提案されており[108][109]，本手法は簡易なものであることをあらかじめご了承下さい。まず，音声から 12 個の MFCCs を抽出します（図 3-5A）。MFCCs は人間の音声の特徴量を示す指標でしたね。次に MFCCs の絶対値とその絶対値の微分を算出します（図 3-5B）。絶対値によって音声の特徴量の大きさ（パワー）を出しており，その微分によってその大きさの変化量（Δデルタ）を出しています。そして，この絶対値とその微分とを要素ごとに掛け合わせて，なめらかな曲線になるようにフィルタリング（ガウスフィルタで窓サイズは4に設定しています）を行います。そうすると，滑らかな曲線が出てきましたね（図3-5C)。この曲線の頂点というのは，絶対値の特徴量も高く，かつ，その傾きも高い場所と言えますので,モーラが出ていると推定します。（本当はこの部分に対して人間によるモーラ推定と一致しているかどうかの推定が必要ですが，ここでは省略しています。）この図では11個のモーラが推定出来ています。

このモーラを治療者の音声と協力者の音声でそれぞれ算出します。音声はIPUで分けられていますので，IPUの一つ毎に治療者と協力者の音声がペアであることになります。ここであるIPUにおいて，治療者の方が協力者よりもモーラ数が多い場合は，治療者が話し手と推定されます。次のIPUでも治療者のモーラ数が多ければ，治療者の話し手が続くことになります。一方，次のIPUで協力者のモーラ数が多くなった場合は，協力者が話し手になったとされ，発話ターンが切り替わります。このときに，発話ターンとして分割されます。本研究で用いられる発話ターンとはこのように話し手が入れ替わるたびに分割されている音声データのことを示しています。

3章4節　新たな手法によって得られる新たなデータ（成果）

ここでは実際の結果を見てみましょう。実験環境は2章と同じです。ただし，今回は男性同士の音声分離が上手くいきませんでしたので，女性の協力者のデータと男性の治療者の30組のデータのみを使用しました。この中の1組は録音が上手く出来ていなかったので，実際に分析に使用したのは29組になります。29名の協力者は面接中に，治療者から適応尺度としてGAFを計測されています[110]。GAFは0から100までの値を取り，値が高いほど，適応が良いとされます。例えば，

GAFスコアが91～100の場合，協力者には症状がなく，当人のさまざまな人的・社会的資源によって幅広い場面で優れた機能があることを示しています。GAFスコアが81～90の場合,症状はほとんどないが（例:試験前の軽い不安），幅広い社会活動に関心を持ち，参加していることを示しています。GAFスコアが71～80の場合，一過性の症状がありますが，これは心理社会的な出来事に対する予想される反応であることを示しています（例：家族の口論の後，集中できない）。GAFスコアが61～70の場合，軽度の症状（例:憂鬱な気分，軽度の不眠）があり，社会的機能（例：親の財布からお金を抜き取る）に若干の困難があることを示します。GAFスコアが51～60の場合,中程度の症状（例：平坦な情動，時折のパニック発作）と社会的機能の中程度の困難（例：友人が少ない，同僚との衝突）があることを示します。GAFスコアが41～50の場合，深刻な症状（例:自殺念慮）があり，社会的機能に深刻な障害（例：友人がいない，仕事を続けられない）があることを示します[110]。ここでは70以下のGAFスコアを示した協力者を臨床群（14名）とし，71以上のGAFスコアを示した協力者を非臨床群（15名）としています[110]。

また，この研究では，彼女らの発話と治療者の発話の初めの903秒間を使用しました。初めの3秒間はノイズが入っていましたので（紙をする音や機械音），このノイズを基にして，残りの900秒からこのノイズを除去しました。このノイズが除去された900秒を，IPUに分割します。次に，先ほどの音声分離機で，治療者と協力者との音声に分離します。これによって，900秒間のIPUに治療者と協力者の音声がペアで存在することになります。最後に，この音声ペアに対してモーラ推定を行い，モーラ数を算出します。治療者と協力者とのモーラ数の比較から，発話ターンを推定し，発話ターンの切り替えごとに分割・統合します。

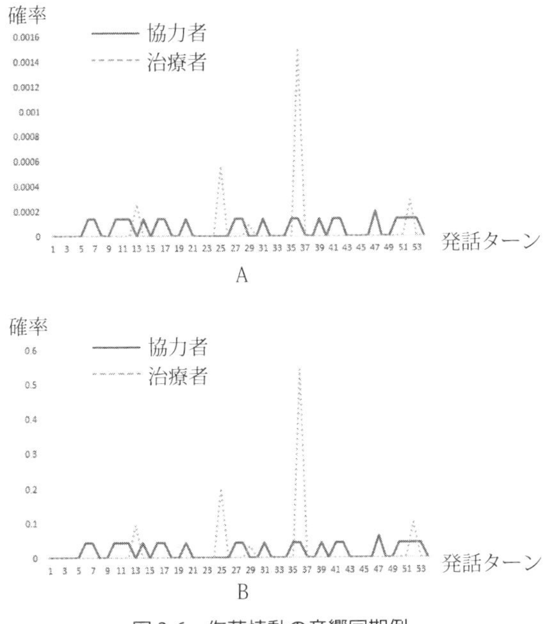

図 3-6　侮蔑情動の音響同期例

この発話ターンごとに分割・統合された治療者と協力者との音声データに対し，情動推定機でそのときの治療者と協力者との情動を推定します。ここでは侮蔑情動を推定した場合の例を示します（図 3-6A）。縦軸が侮蔑情動の確率になります。最大値が 0.002 にも達しませんので，侮蔑情動は非常にわずかしか表出されていない，ということが分かります。なお，こういった 0.001 や 0.002 しかない微妙な情動というのは，これまでの人手による情動評価では評価し得なかった内容です。仮に評価したとしても人手による情動評価では評定者間のバラツキを一定程度考慮しなければなりませんので，これらの小さな値は解析できなかったでしょう。つまり，音響特徴を抽出し，機械学習の分類機を用いることによって，これまでは無視されていた微細な特徴量を評価・解析できるようになったと言えます。

また，図 3-6A の横軸は発話ターンであり，53 と示されています。トータルの時間数は 900 秒ですので，1 分間に平均して約 4 回発話交代があり，1 回の発話で平均 17 秒程度話している，と考えられます。図 3-6 Aを見ると分かる通り，侮蔑情動は治療者と協力者の両方で測定出来ますので，二人の侮蔑情動が同調しているかどうかというのをこの図から推定することが出来ます。まず，二人の侮蔑情動の総量は基本的に異なりますので，これを均します。そのために，一人の総侮蔑情動に基づいて個々のターンごとの侮蔑情動を割ります。そうすると，各個人ごとに侮蔑情動の確率を把握することが出来ます（図 3-6B）。このように全体の合計で要素を割って，その確率を出すというのは情報工学で頻繁に使用されます（例えば，式 3-1）。図 3-6B では，波形は図 3-6A と同じですが，その最大値が 1 になり，スコア全体が大幅に上がっていることが確認出来ます。なお，確率の総和は 1 で，この総和は二人で変わりませんので，この波形から二人の侮蔑情動の分布を比較することが出来るようになっています。この波形の分布がお互いに異なっているかどうかを測定するために Jensen-Shannon Divergence（JSD）スコアを用います[111][112]。

$$JSD(P||Q) = \frac{1}{2}\left\{KLD(P||\frac{P}{2}+\frac{Q}{2}) + KLD(Q||\frac{P}{2}+\frac{Q}{2})\right\} \quad \text{（式 3-3）}$$

（式 3-3）では，ＰとＱが確率分布を示しています。ここで言えば，治療者と協力者の侮蔑情動の分布がＰとＱに該当します。KLD というのは，Kullback-Leibler Divergence（カルバックダイバージェンス）を示し，このスコアも頻繁に使用されます。

$$KLD(P||Q) = \Sigma_X P(x) log \frac{P(x)}{Q(x)}$$ （式 3-4）

（式 3-4）の x というのは確率変数の値です。例えば，発話ターンの３回目という場合，x は３になります。このターン３回目の時の治療者と協力者の侮蔑情動の確率がそれぞれ P(x)，Q(x) になります。もし P(x) と Q(x) が一緒の場合，その割り算は当然１になります。それを対数の真数に取った場合，どんな底数でも値は０になりますね。つまり，全く同じ分布があった場合，KLD や JSD は０になると言えます。その反対に，分布が異なるほど，その値は０から遠のいていきます。つまり，JSD や KLD は二つの分布同士の疑似的な距離を示していると考えると分かりやすいですね。KLD は P と Q の順番を入れ替えると値が変わってしまうので，この研究では P と Q の順番を入れ替えても値が変わらない JSD を用いています。

では，ここで臨床群と非臨床群との侮蔑情動の JSD を確認してみましょう。もちろん，JSD が高いというのは，それぞれの分布が似通っていないことを示しますので，音響同調が低い，ということを示します。先行研究ですと，音響同調が高いほど社会適応が高いと予想されているのですが，侮蔑情動は反社会的な情動なので，その情動をお互いに表出しあっている場合，お互いにいがみ合っていることを示唆しますので，社会適応はあまり良くない，と考えられます。結果は図 3-7 の通りです。図 3-7 で示されるように，臨床群は，非臨床群に比べて，JSD が有意に低いことが確認出来ます。つまり，臨床群の協力者は，治療者の侮蔑情動の表出と同調しやすく，自身の侮蔑情動も表出しているということが分かります。

この実験は，治療者と実験協力者が初対面の状況で行われました。つまり，お互いに見知らぬ人になります。この見知らぬ人に応対する

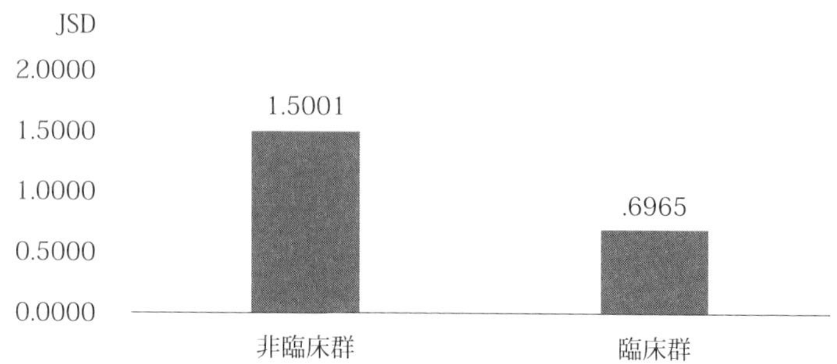

図 3-7　非臨床群と臨床群との間の侮蔑情動分布差の差
注：JSD: Jensen–Shannon Divergence score. スコアが低いほど，同調が高いことを示します。

際に，上手く応対し得る実験協力者は治療者に対しても侮蔑情動が連動せず，侮蔑情動のやりとりが生じにくい，と考えられます。一方，侮蔑情動がお互いに表出されあい，高まったというのは，見知らぬ人への応対としてはまずい対応をしていると考えられます。こういった初対面への人へのまずい対応が，臨床群の特徴として考えられました。

3章5節　臨床への応用

本研究は，不適応を測る指標として，侮蔑情動の音響同調が使用できることを示唆しています。初対面の人に対して，侮蔑情動のやりとりが連動して生じやすい方は，初対面の人とのやりとりがまずく，その後のやりとりもスムーズにいかない可能性が考えられます。こういった初対面のまずさ，というのが音響同調の観点から，数量的に把握できることは，不適応を新たな客観的指標から把握できることを示唆しているでしょう。

例えば，職場内の人間関係がうまくいっているかどうかというのは，職員の精神保健や企業の生産性と関連しやすいです[113]。しかし，職場内の人間関係や職員個人の不適応については，職員が差別や利害関

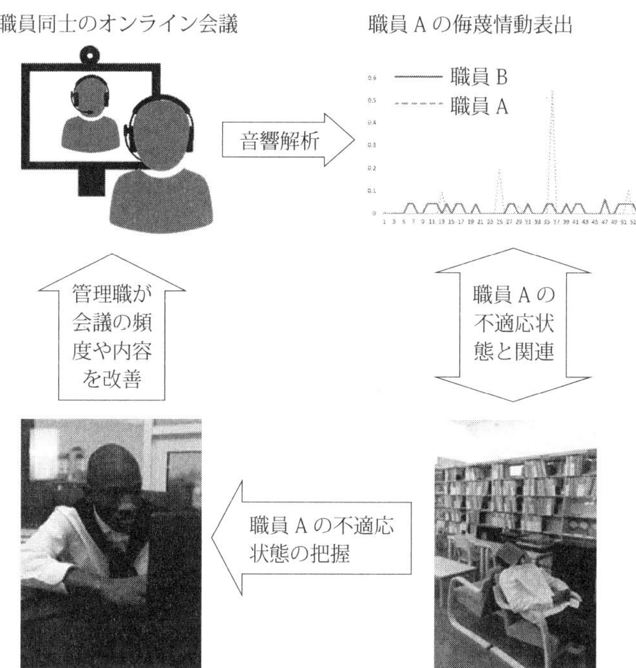

図3-8　オンライン会議時に音響解析を用いて不適応を検出する例

係などを恐れて自己開示・報告しにくい課題でもあります[114]。

こういった課題はオンライン会議の音響を解析することによって新たに解決できる可能性があります。例えば，ある職員Aが特定の職員Bといる場合は侮蔑情動が表出しやすく，その他の職員といる場合は侮蔑情動が表出されない場合，職員Aは職員Bと上手くいっていないと推測出来ます。同様に，職員Aがどの職員と接していても侮蔑情動が表出，同期している場合，職員Aは不適応を起こしていることが推測出来ます。このように音響解析の技術を用いることによって，職場内の人間関係や職員のメンタルヘルスをより把握しやすくなり，企業はメンタルヘルスの改善に寄与しやすくなるでしょう（図3-8)。

社員の不適応を正確に把握することは，企業の生産性という観点からも重要でしょう。というのも，不適応状態は精神疾患と関連しやすいですし [90]，不適応状態では定義通りさまざまな活動に制限がかかっており [85]，職場内での生産的活動や業務についても制約がかかっていると考えられやすいからです [115]。

職場内の不適応は，その人の環境を調整することによって，多くの場合改善することが見込まれます [116]。例えば，自閉症スペクトラム障害のクライエント（器質的に意思疎通をするのが難しい）であっても，環境調整を行うことによって，意思疎通に関するハンディキャップを少なくすることが出来ることが示されています [117]。したがって，管理職の方々が率先して不適応を発見し，その不適応を解消し得るような職場環境にしていくことによって，多くの職員の不適応は改善されていくでしょうし [118]，それによって職員個人の生産的な活動がしやすくなるでしょう（図 3-8）。

なお，本章では客観データが重要であることを述べましたが，不適応に関しては自己評価も重要であることも強調しておきます。先行研究では，不適応（disability）には，本人による自己評価と第三者による客観的評価にずれがあることが報告されています [119]。これは不適応という状態に対する本人による主観的な感覚と他者による客観的な評価とにずれがあることが一因です。実際，多くの「重度障害者」の方々を専門家が客観的に評価した場合，専門家は不適応と評価してしまうのですが，同じ状態を自分たちで自己評価した場合，とても良く機能し，適応しているということを報告します [120]。この結果は，客観的データのみに依存して，不適応を測定することは危険であることを示しており，疾患とは独立に，本人の主観から不適応を測定していく必要があることを示しています [121]。例えば，外出の準備（着替えやもろもろの用意など）に 5 分かかる方と 50 分かかる方がいたとしても, 50 分かかっても困難さを感じていない方はおられます。そのため，仮に多くの方が５分で済むような作業に 50 分かかってしまう方がいたとしても，それだけをもって不適応と評価することは不適切と言えます。不適応の判定時には，客観的なデータだけでなく，その方が現在の状態を困難と思っているかどうかという主観的データも合わせて判断することが重要であるということは覚えておいてください。

なお, 機械学習を用いた分類機の結果は精度が高く重宝されますが, その分類機を盲信するのは危険です。機械学習の分類機を用いる場合は，その結果だけでなく，その分類機の作成過程で，入力データに地域的な偏りがないか，また，作成者が多様なバックグラウンドをもっているのかという点にも着目する必要があります。詳細は次のコラム１で記しています。

コラム1

機械学習の倫理

機械学習の発展・適用に関しては，近年倫理的配慮が必要であることが数多く指摘されています[122]。いくつものガイドラインが提言されていますが，統一した見解と呼ぶには程遠く，その内容も多義的なことが多いです[123]。そのため，ここでは，データと作成者の多様性（ダイバーシティ）の確保が，情報技術の倫理的配慮において，重要である，ということを指摘しておきます。

まず，この本の２章と３章では，教師ありデータ（正解ラベルがあらかじめ付与されているデータ）の機械学習とその分類機を用いて，その有用性を強調していますが，この教師ありデータがおおむね欧米圏のデータに偏っているという点は問題です。例えば発声データに関していえば，英語のネイティブスピーカーの発話を使用しているので[101][102]，その文化圏でバイアスのかかったデータになります。本来ですと，中国語や日本語のアジア圏のデータを基に機械学習を行う必要があるのですが，そういったデータが乏しいために，英語圏に基づいた分類機が作られています。世界の人口の60.7％はアジア地域におり（約37億２千万人），次に多いのがアフリカ地域の13.2％（８億１千万人）ですので，今後，多くの教師データはこれらの地域から入手していく必要があります。これらの地域に住む人々に対して，ヨーロッパ地域（11.8％）や北アメリカ地域（5.2％）のデータで学習された分類機を何も考えずに用いることは，欧米という一部の地域の価値観を過剰に一般化してしまう可能性があり，問題があります[124]。そのためにも，機械学習の基となる教師データは今後多様な地域のデータを確保していく必要があります。

また，一部の地域ですでに存在する差別が機械学習のデータによって増長されてしまうという例も数多く指摘されています。例えば，現在の電子カルテのデータを用いて機械学習で分類機を作成すると，データ自体にバイアスがかかっているために，性的志向や人種によって差別が増長されてしまうことが指摘されています[125]。また，社会ネットワーク上の顔写真やプロフィールから，その人の性的志向を分類する分類機はデータセットがあれば容易に作成することは可能ですが，そういった分類機は，個人のプライバシーをみだりに暴露する可能性があり，問題があると言えるでしょう。こういった分類機の作成過程では，マジョリティ（差別の被害に遭わない人たち）によって作成され，マジョリティによってその内容が審査され，承認・出版されていることが問題です。こういった差別の助長を生まないためにも，機械学習を開発・利用する実務家や研究者には，差別の被害に遭いやすい人達を含んだ多様なバックグラウンドを含んでいくことが望ましいでしょう。

機械学習の倫理については，統一した見解はまだ存在していませんが[123]，実務家や研究者が扱っているデータに多様性が欠損していないか（可能ならば補完出来ないか），もしくは，実務家や研究者集団に多様性が欠損していないか（可能ならば補完出来ないか），ということを振り返るようにするだけでも，彼・彼女ら自身によって倫理的配慮は少しでも行えますし，それが不適切な機械学習の利用・発展を妨げるのに役立つと考えています。

第４章

自助グループの治療過程の自然言語処理

４章０節　要　　約

本章では,「自助グループの回復過程は可視化できるの？」という質問に答えています。まず, 嗜癖障害を中心とした自助グループの先行研究を概観した上で，従来の専門家によるテキスト分類では時間と労力がかかりすぎる点を指摘します。そこで, 本章ではテキストを自動で分類する自動分類機を用い，1,892 名の賭博者が書き込んだ 1,635,863 発話を分析し，この発話分類によって自助グループの回復過程を可視化しました。その結果，賭博を止め続けている人はそうでない人よりも「変化を促す発話」を行いやすいことが分かりました。発話分類を行うことによって，自助グループへの望ましい参加の仕方も推定することが可能になりました。

４章１節　自助グループの先行研究

自助グループとは，類似した問題を抱えている人同士が集まり，相互に助け合うことによって，その問題を解決しようとしていく集団のことを意味しており，アルコホーリクス・アノニマス（Alcoholics Anonymous: 略称 AA）が有名です。AA は名前の通り，アルコール依存症の方々が匿名で集まり，お互いのアルコール依存症を解決しようとするグループであり，現在では日本を含め多くの AA が世界中に存在します[126]。

AA では 12 ステップという原理を朗読した後に，グループワークを定期的に行います。グループワーク中は，言いっぱなし，聞きっぱなし（自由に自分のことを話し，相手の話も存分に聞き，そして，お互いに相手のことを非難しない）の原則に則っています。12 ステップの初めの３ステップを紹介しておきますと以下の通りです。「１．私たちは，自分たちがアルコールに対して無力であること，自分たちの生活が管理不能になっていることを認めました。２．自分よりも偉大な力が私たちを正気に戻すことができると信じるようになりました。3. 自分の意志と人生を，自分が理解している神の配慮に委ねることを決意しました」。これらの内容からも AA はスピリチュアリティ（霊性）を全面に押し出した自助グループと言えます。

AAについては多くの専門家から批判があります。実験デザインが十分に設定されていないため，AA の治療効果についてはほとんど分からないというものです[127]。この状況を打破するために，12 ステップを専門家が実施し，疑似的な AA のグループを作り，この疑似 AA グループと他の治療エビデンスのある心理療法（再発予防（リラップスプリベンション）モデルと動機づけモデル）とを比べた実証研究があります[128]。この研究では，952 名のアルコール依存症のクライエントが無作為に AA 群，再犯予防群，動機づけ群のどれか一つに割り当てられており，３年間追跡されていますので（回答率 84.7％），最も妥当性の高い効果検証の方法を用いています[129]。その結果，疑似 AA グループは他のエビデンスのある治療法と比べて遜色ない治療効果を示しており，疑似 AA グループは動機づけ面接法のクライエントよりも 16.1％も多く禁酒していることが分かりました[129]。この成果を契機に AA の研究は進み，AA に参加し続けることによって断酒率が上がるということも報告されてきました[130]。

これらの研究の進展に伴って，AA の治療過程についても検討が行われました。AA のメンバーは「霊的目覚め」によって，禁酒が行われると考えていたようでしたが，実際は他の治療プログラムと同じ治療過程をたどることが分かってきました[131]。例えば，AA に参加することによって，抑うつ状態が改善され，抑うつ状態の改善によってアルコール飲酒のリスクが減ることが分かってきました[132]。また，禁酒を勧める仲間が周囲に増えることによって，当人も禁酒するようになることも確認されました[133]。

これらの先行研究を要約した研究では，AA の治療過程は，1．禁酒を勧める社会ネットワークの増加，2．飲酒したくなったときでも禁酒できる能力・自信の獲得，3．治療をし続けようとする動機づけの維持，の三つであると結論づけました[131][134]。これらの三つはいずれも再発予防プログラムや動機づけ面接法でも頻繁に用いられる要因ですので[135][136]，これらの研究に基づけば，AA の治療過程は他の心理療法の治療過程と大差ないということが言えそうです。

AA に代表される自助グループは，専門家が入っていないために，効果検証のデータがほとんど集まっていませんでしたので，その点が批判されていました[127]。しかし，この 20 年ほどの研究データの蓄積によって，自助グループにも治療効果は確認でき，その治療過程も他の心理療法と変わらないということが言えるようになってきました[131]。

4章2節　自助グループの治療過程を測定する従来の手法とその課題

治療過程を測定する際の最も一般的な方法は，治療効果となる症状を毎回聞き取ることになります[137][138]。精神症状に関しては，クライエントに質問紙評定を依頼することが多いです[137][138]。依存症者の方に対しても，特定の物質（アルコール）や行為（ギャンブル）に関

表4-1　動機づけ面接法におけるクライエントの発話分類例

	予後の良いクライエント	予後の悪いクライエント
発話分類	「変化を促す発話」（change talk）	「現状を維持する発話」（sustain talk）
飲酒の話題	否定的な内容 「酒を飲んでも一つもいいことはありません」	肯定的な内容 「仕事が終わった後のビールが，生きているってことを実感させてくれます」
禁酒の話題	肯定的な内容 「お酒をやめてから，料理がおいしく感じるようになりました」	否定的な内容 「飲み会に行かなくなると付き合いが悪いぞとか言われて，肩身が狭いです」

注：アルコール依存症を例にしています。なお，アルコールと全く関連のない話，例えば「阪神が勝った」「明日の天気が心配だ」などは予後と全く関連しません。

する衝動を聞き取ることによって，治療過程を評価することは可能です[139]。

ただ，依存症の治療に関しては，クライエントの発話から直接測定することも可能です[140]。クライエントが依存している薬物に関する内容をどのように治療者に話したのかを分類するだけで，そのクライエントの1年後の予後が推定可能であることが示されています[21]。例えば，この研究では84名の薬物依存症者に面接を行い，3カ月後，6カ月後，9カ月後，そして12カ月後にそれぞれ薬物使用期間を聞き取っています。その結果，薬物を使用し続けている依存症者と薬物を止めている依存症者では，初めの面接での発話内容が異なることが示されています。

クライエントの予後を予測する発話の分類基準は随時更新されており，その一例を表4-1に示します[141]。禁酒をし続けようとするクライエントは，禁酒に関して肯定的な発話をしますし，飲酒に対しては否定的な発話をします。これをchange talk（「変化を促す発話」）と言います。対照的にこれからも飲酒をし続けようとするクライエントは，飲酒に関して肯定的な発話をしますし，禁酒に対して否定的な発話をします[136]。これは sustain talk（「現状を維持する発話」）と言います。人間は人前で言ったことは実行するように動機づけられますので（禁酒するって妻の前で宣言したから，妻の前ではせめて禁酒しないと），そういった点からも「変化を促す発話」と「現状を維持する発話」の分類は人間の行動原理をよく表していると言えます[142]。

クライエントの発話を分類して，そのクライエントの発話から現在のクライエントの状態とその後の状態を検討した研究は沢山ありますので，それらを総合したメタ分析も多いです[136][143]。これらの研究ではいずれもクライエントの「変化を促す発話」と「現状を維持する発話」がそれぞれ予後を肯定的，否定的に予測することを示しています[143]。このアプローチは依存症であるアルコールやギャンブル[144]だけでなく，ある種の糖尿病[145]などに対しても有効であることが示されています。というのも，依存症もある種の糖尿病についても生活習慣による慢性疾患と捉えられますので，その生活習慣をクライエント個人が徐々に変えていくことが治療効果につながると考えられているからです[146]。

このようにクライエントの発話を分類することによって，クライエントの予後が予測できることは素晴らしいことなのですが，発話の分類作業に膨大な時間がかかってしまうという課題があります。クライエントの発話を逐語化するだけでも，1時間の発話に対し，約6時間の評価時間が必要になってきます[22]。その逐語化された内容を，さまざまなカテゴリーに分類するわけですので[141]，さらに時間がかかります。これだけ時間がかかってしまいますので，発話分類で治療過程を評定する方法は研究領域が主で，臨床現場では使えていないのが現状です（図 4-2）。

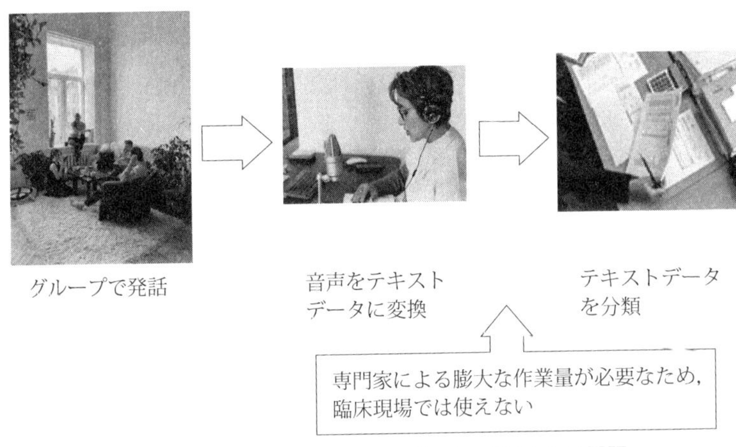

図4-2　専門家によるテキストデータの分類とその課題

4章3節　自助グループの治療過程を測定する新たな手法

この課題を解決するために，我々の研究では，自然言語処理の文脈で専門家が行っていたテキストデータの分類を機械が代わりに行う自動分類機を作成しました。まず，専門家用の分類マニュアルに書いてある例文[141][147][148]を参照しました。これらの例文はギャンブルだけでなく，酒やたばこなどの嗜癖行動全般を扱っていましたので，全ての例文はギャンブルに変換されました。例えば「明日たばこをやめるつもり」という表現は「明日ギャンブルをやめるつもり」に変換されました。また，日本には多くのギャンブルがありますので，17種類のギャンブルに全て置き換えられました。例えば先の例だと，「明日パチンコをやめるつもり」「明日競馬をやめるつもり」などです。また，日本語には二人称代名詞（“you”）が複数考えられますので，「あなた」，「佐藤さん」，代名詞なしの三つで例文が再構成されました。つまり，一つの例文に対して51（17*3）のギャンブルに関する例文が得られたことになります。最終的に 31,977 のギャンブルに関する発話が作成されました。もちろん，これらの発話は「変化を促す発話」と「現状を維持する発話」などのラベルに紐づけられています。

次に,実際のチャットデータも分類されました。チャットデータは長い物も短い物もありますので,ここでは二文（改行もしくは「。」が2回ある）毎にチャットを分割しました（以下これを発話と記します)。また，文の中で “http” を含んでいるものや３語以上の有意味語がない物は除去しました。その結果，9,519 の発話が作成され，その発話がギャンブル障害を専門とする日本の臨床心理士・公認心理師 [149] によって分類されました。この手続きによって，６種類に分類された日本語の発話データが整いました（図 4-3 参照)。

今度は，日本語の意味世界を構築します。まず，7,376 本のニュース記事を参考に単語同士の意味を共起率に基づいて測定し，個々の単語を 200 次元のベクトルで表現しました。例えば,「馬は走るのが早い」という文章があった場合,「馬」「走る」「早い」というのは共に生起しやすいということが言えます。ここから,「馬」と「走る」というのは類似した意味を持ちやすいと推定出来ます。同様に「走る」と「早い」や「馬」と「早い」についても同様に類似した意味を持ちやすいと言えます。ここから，一つの単語の意味を，その単語が埋め込まれやすい文に基づいて推定することが出来ます。この共起率を何度も計算した結果,一つの単語について 200 次元の共起率で表現できることになります。この場合,「ギャンブル」という単語ももちろん 200 次元の数値で意味として表現されていることを示します。また，個々の文は個々の単語の連鎖で表現し得るため（「私はギャンブルが好き」は「私」「は」「ギャンブル」「が」「好き」という連鎖パターンに分解出来ます)，個々の発話は全て 200 次元の連鎖パターンで説明できることになります。

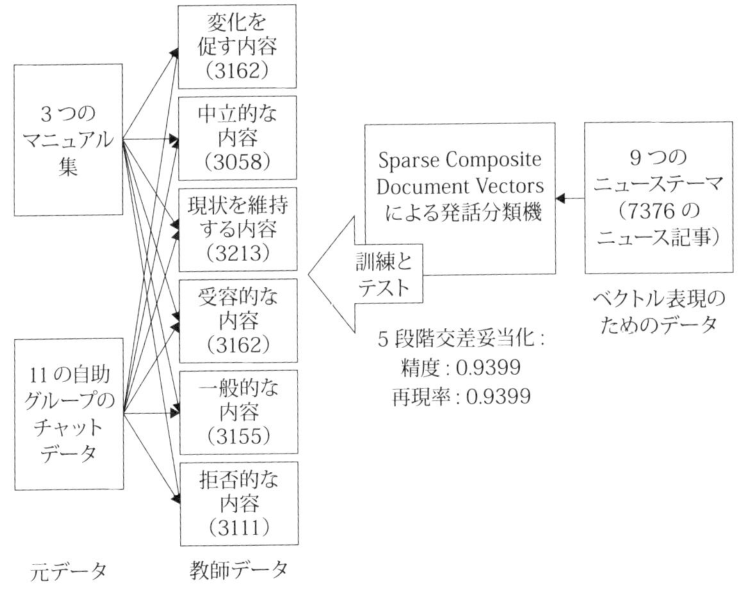

図 4-3　機械によるテキストデータの分類

上記の 200 次元の意味世界と先ほどの発話データを用いて，個々の発話データが 200 次元の意味世界でどのように表現され，その発話データが６種類のラベルのいずれに該当するのかを学習させました。これが発話分類機になります。なお，発話データを学習する際は，発話内の文の長さを 200 単語に揃えました。ある発話が 200 語に足りない場合は文を繰り返し，超える場合は 200 単語までで区切りました。これによって文の長さによる影響を統制し，文の中に含まれる単語の特徴量のみを学習するようにしました。

上記の発話分類機に対して，５段階交差妥当化を行い，精度と再現率を測定し，0.93 という高い精度を示しました。なお，５段階交差妥当化とは，80％（4/5）のデータをトレーニングデータとし，20％（1/5）のデータをテストデータに無作為に分け，テストデータの精度

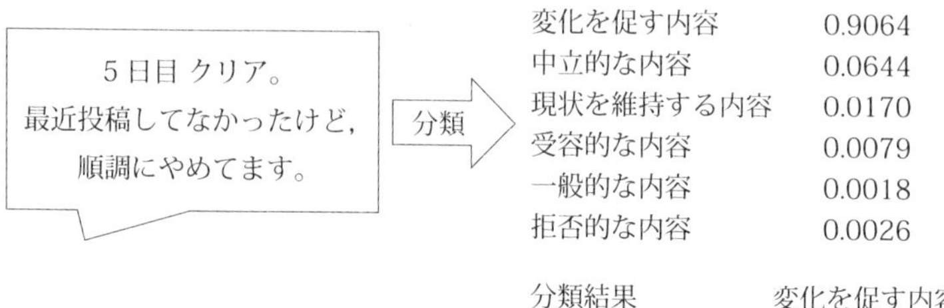

図 4-4　機械によるテキストデータの分類例

を計測します。5等分されたデータに対して，この組み合わせは5つあるので，5段階交差妥当化と言われます。

この分類機がどのように動くのかを具体的に示したのが図 4-4 です。図 4-4 では,「5日目クリア。最近投稿してなかったけど，順調にやめてます」というテキストが示されています。専門家がこれを分類すれば,「5日目クリア」や「順調にやめてます」というところを評価して,『変化を促す内容』と分類するでしょう[147]。学習済みの分類機は，このテキストが 90.64% の確率で『変化を促す内容』に分類されると予測しており，専門家と同様に分類することが出来ています。

この分類機が出来たことによって，全てのテキストを自動で分類することが出来ますので，専門家の作業量を大幅に減らすことが出来ました。つまり，分類コスト（専門家への作業費用や作業時間）が大幅に下がったと言えます。その結果，100 万発話以上ある大量のテキストデータを分類することが出来るようになりました。こういった大量のテキストデータを分類できるのは，自動分類機による分類コストの削減があったためで，専門家による手作業では到底できないことでした。大量の発話を解析できるということは，それだけデータ量が多くなるので，一般化の可能性が高くなったということが言えます。

4章4節　新たな手法によって得られる新たなデータ（成果）

ここから実際の結果を見ていきます。まず，日本語の断賭博を促す自助グループで134個のスレッドをインターネット上で確認しました（図4-5)。このうち，35個のスレッドはパスワードでロックされていたため,残りの99個のスレッドを使用しました。この99個のスレッドでのハンドルネームから3,967名の賭博者を特定しました。この中で1,139名の賭博者は3単語以上の有意味な発話がない，もしくは，ウェブサイトを提示していただけだったため，彼・彼女らは解析

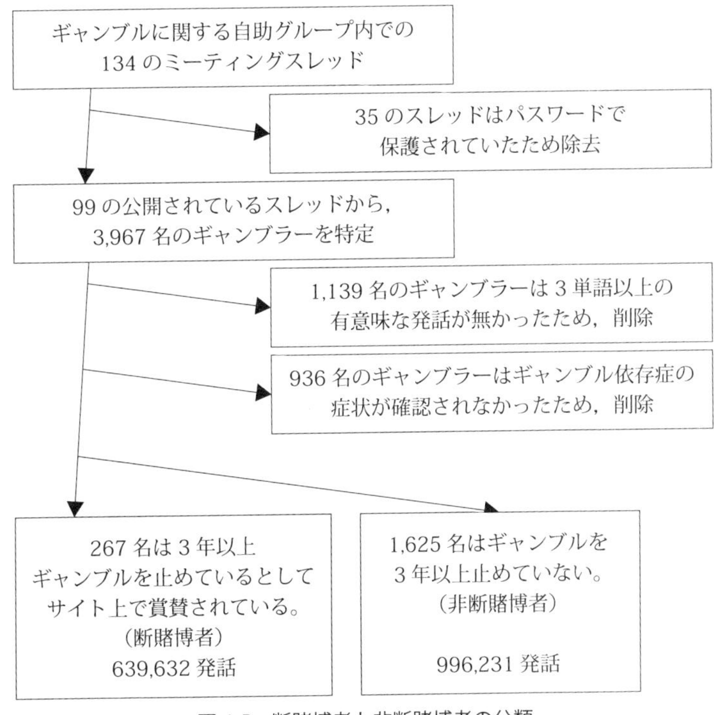

図4-5　断賭博者と非断賭博者の分類

から除去されました。さらに，936 名の利用者には，ギャンブル依存症の症状が確認されなかったため，彼・彼女らも解析から除外されました。残りの 1,892 名のギャンブラーの内，267 名はサイト内で 3 年間一度もギャンブルすることなく，ギャンブルを止めていた，として表彰されていました。この 267 名は断賭博者としました。一方，残りの 1,625 名はこういった表彰がされていませんでしたので，非断賭博者としました。

断賭博者及び非断賭博者の特徴を表 4-6 に記します。t というのは二つの群の差を表す指標で，その絶対値が大きいほど，差が大きいことを示します。p というのは有意確率で，その差が生じる確率を示します。心理学では生じる確率が 5 %未満の場合，その差が生じる確率は有意に少ない，と考え，その差には統計的に意味があると考えます。表 4-6 が示す通り，彼・彼女らの 85%は男性であり，年齢は 35 歳前後でした。断賭博者と非断賭博者との間にギャンブル年数や借金の総額に有意な差はありませんでしたが，断賭博者は非断賭博者よりも多くのギャンブル症状を経験していることが分かります。参加形態を見ると，断賭博者は非断賭博者よりも長く参加していることが示されました。また，発話分類の結果，断賭博者は非断賭博者よりも「変化を促す発話」を多く話しやすいことが示されました。「変化を促す発話」の平均確率は，断賭博者と非断賭博者との間に有意な差はありませんでしたが，断賭博者の「現状を維持する発話」は，非断賭博者よりも有意に低いものでした（表 4-6）。そのため，「変化を促す発話」の比は断賭博者の方が，非断賭博者よりも有意に高かったです。これらの結果から，断賭博者は非断賭博者に比べて自助グループに長く参加しており，変化を促す発話を積極的に話していることがわかりました。

表 4-6 は断賭博者と賭博者の最終的な結果を横断的に示しているのですが，この両者が自助グループにどのように参加しているのかを経

表 4-6　断賭博者と非断賭博者の参加時間と発話の特徴の比較

	断賭博者 n = 267		非断賭博者 n = 1625					
	m	*sd*	*m*	*sd*	*d*	*t*	*df*	*p*
人口動態								
年齢（年）	35.000[a]	9.520	35.811[b]	9.440	-0.086	-.896	172.806	
男性率	0.845[c]		0.860[d]					
ギャンブル歴								
借金の総額（百万円）	3.718[e]	6.602	2.159f	3.727	0.003	1.177	27.320	
ギャンブル年数	15.301[g]	23.030	11.843[h]	7.350	0.202	1.272	74.526	
ギャンブル症状								
症状の数	2.981	1.801	2.661	1.766	0.179	2.696	355.278	*
ギャンブルへの耐性	0.408	0.492	0.371	0.483	0.076	1.146	355.382	
ギャンブルを止めるのに失敗	0.730	0.445	0.733	0.442	-0.007	-.104	358.057	
ギャンブルに考えが支配されている	0.667	0.472	0.542	0.498	0.257	3.969	370.285	***
ギャンブルのために嘘をつく	0.311	0.464	0.198	0.399	0.261	3.750	333.748	***
ギャンブルのために他人から借金をする	0.094	0.292	0.079	0.270	0.051	.747	345.207	
ギャンブルのための違法行為	0.004	0.061	0.040	0.196	-0.250	-5.907	1309.252	**
参加形態								
参加期間（日）	842.974	904.471	386.072	616.142	0.590	7.957	307.817	***
休止期間（日）	16.168	63.090	24.241	104.712	-0.093	-1.735	543.061	
発話の特徴								
全発話数	2395.625	5146.820	613.065	1797.483	0.462	5.603	276.750	***
変化を促す発話数	410.007	764.597	115.869	303.165	0.506	6.206	279.889	***
現状を維持する発話数	98.944[i]	192.787	37.585[j]	97.324	0.402	5.095	288.661	***
変化を促す発話数の比	0.742	0.200	0.681	0.231	0.280	4.477	392.158	***
変化を促す発話をする確率	0.298	0.155	0.299	0.160	-0.001	-.022	365.505	
現状を維持する発話をする確率	0.096	0.062	0.122	0.076	-0.369	-6.017	406.651	***

注：断賭博者とは，ギャンブル症状を経験しながらも，少なくとも３年間再発せずに断賭博している者を意味します。発話の分類機は６つのクラスターで構成されていますが，クライエントの変化トークと維持トークのクラスターのみを使用しました。変化を促す発話の比は，変化トークの数を変化トークと維持トークの合計数で割った値です。a: n = 129, b: n = 771, c: n = 193, d: n = 1118. e: n = 26, f: n = 182, g: n = 73, h: n = 427. 一部のユーザーは，変化および維持のトークがなかったので，その比は計算されませんでした。i: n = 266, j: n = 1612.
（*** : $p < .001$　** : $p < .01$　* : $p < .05$）

時的に示したのが図 4-7 です。まず，黒い線は３年間ギャンブルを止めていた断賭博者で，灰色の線は３年間ギャンブルを止めていなかった非断賭博者です。ここでは分かりやすくするために二人とも同じ程度発話した人を選びました。図 4-7A を見て分かる通り，「変化を促す発話」は３年間止めていた人の方が止められなかった人よりも多くなっていることが分かります。一方，「現状を維持する発話」については，止められなかった人の方が，止めていた人よりも多くなっていることが分かります（図 4-7B）。これらの結果から，３年間止めていた人は止められなかった人と発話内容が異なることが確認出来ます。

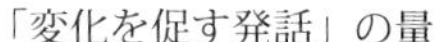

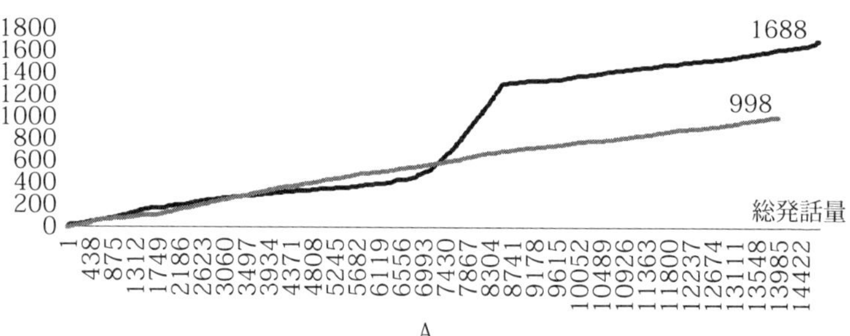

A

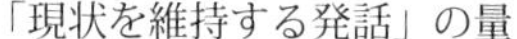

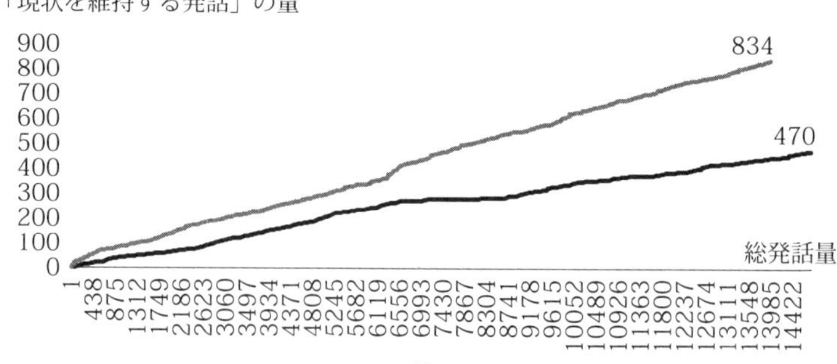

B

図 4-7　断賭博者［3 年以上やめつづけていた人］（黒い線）と非断賭博者（灰色の線）との比較

また，３年間止められていた人と止められなかった人との発話内容を比較することで，どのようにして回復が進み，終わるのかも推測することが出来ます。図 4-8A〔カラー口絵②〕では，青い点が３年間止められた人であり，赤い点が止められなかった人を示しています。止めた人は総じて，『変化を促す内容』の発話量が多いことが分かります。また，これらの人たちの配置が示すように，『変化を促す内容』の発話によって，より止めやすくなる傾向（青色ゾーンに向かう）とより止めにくくなる傾向（赤色ゾーンに向かう）が存在することも分かります。

図 4-8B〔カラー口絵②〕は実際の参加者を示していますが，個々の参加者の発話量によって，参加の仕方を変えていった方が良いことが示唆されています。例えば，自助グループ初心者（#2665）は，評価値 -1.000 で変化を促す発話１回，現状を維持する発話１回でスタートし，最善の過程を進むと仮定した場合，500 回の試行を経て，変化を促す発話 1657.16 回，現状を維持する発話 351.31 回，評価値 -0.588 で終了します。終了時の評価値はマイナスのままなので，断賭博の可能性が低いことを示しています。この方にとって，最良の変化を促す発話の割合（変化を促す話数 /［変化を促す話数と現状を維持する話数］）は 0.8254 とされますので，より多く変化を促す発話をしていった方が良いと言えます。一方，自助グループ中堅者（#1008）は，評価値 -0.063 で変化を促す発話 3,396 回，現状を維持する発話 259 回でスタートし，最善の過程を進むと仮定した場合，500 回の試行を経て，評価値 +2.815 で変化を促す発話 4290.42 回，現状を維持する発話 787.67 回で終了します。最後に評価値がプラスになるので，断賭博の可能性が高いことがわかります。この方の場合，最良の変化を促す発話の割合は，0.6285 とされますので，変化を促す発話の割合はそれほど高くなくて良いと言えます。つまり，初心者と中堅で最適な発

話内容が異なる，ということを示しています。

4章5節　臨床への応用

我々の開発した自動分類機は，問題賭博者の治療過程の可視化に役立ちます。特にこれまでは分類コストが高く，臨床現場では応用されてきませんでしたが，自動分類機があれば，1回ごとの治療過程を可視化することが出来ますので，治療者とクライエントとで治療方針を共有しやすくなります。

また，治療過程の可視化に伴って，クライエント個人に合わせた治療がエビデンスに基づいて推奨しやすくなります。これまではクライエント個人に効く治療法というよりも，クライエント集団に効く治療法が開発され，それをクライエント個人に適用してきました [150]。この自動分類機（図 4-4）とクライエントらの勾配グラフ（図 4-8A［カラー口絵②］）を用いれば，クライエント個人の参加形態や状態に応じて，データに基づいた最適な治療方略を示すことが出来ます（図 4-8B［カラー口絵②］）。こういったクライエント個人に沿った治療方針は，クライエントへの治療効果がより高くなることが期待できるので，より望ましい結果を生むと考えられます [150]。

さらに本研究は，オンラインの自助グループに対して治療過程を明示した点にも価値があるでしょう。対面での自助グループに対しては，実験デザインが乏しいことから，その治療効果に対しては懐疑的な目が向けられてきました [127][131]。ましてや，オンラインの自助グループについてはさらにデータが乏しく，その治療効果はほぼ未知だったと言えるでしょう [151]。本研究では治療過程を自然言語モデルに基づいて実証的にその過程を可視化することで，治療効果が期待できることを示唆しました。もちろん，治療効果を示すためには無作為化統制（治療群と非治療群を無作為に割り振って，前後で治療効果を比較，追跡する）実験を行う必要があるのですが，その実験を行うための基礎データを蓄積したとも言えるでしょう。オンライン自助グループは，時間・場所に捕らわれず，かつ，匿名性も高いため，クライエントは対面の自助グループに比べて，通いやすいでしょう。また，いくつもの自助グループに同時にアクセス可能ですので，クライエントは自分に合った自助グループを見つけやすくもなるでしょう。こういった研究データを蓄積していくことによって，オンライン自助グループの治療過程を示していけば，多くのクライエントに対して新たな治療選択肢を提示することが今後可能になるでしょう。

また，ここではクライエントの発話のみに焦点を当てましたが，クライエントの友人の発話も重要です。実際，多くの心理療法の研究では，治療者の発話も分類しており，その発話によってクライエントの「変化を促す発話」もしくは「現状を維持する発話」が促されることも示されています[143]。この点については，オンライン自助グループについても同様のことが言え，オンライン自助グループで，ギャンブルを止め続けている人と直接話している人ほど，そうでない人よりも，ギャンブルを止め続ける可能性が高いということが示されています[152]。その一方，自分を否定するような発話（「お前はギャンブルを止められない」）を聞けば聞くほど，ギャンブルをする可能性が高くなってしまうことも示されています[152]。これらの結果は，対面の自助グループに関する先行研究と合致しています[131]。これらの結果から，クライエントの治療を行う際は，クライエントがオンライン上の社会ネットワークにおいて，どのような発話を行い，かつ，どのような発話を聞き続けているのかということにも注意する必要があることを示唆しています。

第5章

音声対話システムによる精神疾患の測定

5章0節　要　　約

本章では,「音声対話システムで精神疾患は測定できるの？」という質問に答えています。まず，現在の精神疾患に関する先行研究を概観した上で，現在の精神疾患の測定時に行われている構造化面接では，クライエントによる評価懸念が入りやすいことを指摘します。そこで本研究では精神疾患の構造化面接を自動で行うヴァーチャルエージェントを開発し，そのヴァーチャルエージェントの面接と人間の専門家による面接とを比較し，その利点を検討しました。ヴァーチャルエージェントは，人間の専門家よりも，性的な話題に関して，クライエントにより自己開示を促しやすいことが分かりました。性的な問題に関しては，ヴァーチャルエージェントを用いた方が，クライエントの負荷が少なく，かつ，治療者も正確な評価が出来る可能性を指摘しました。

5章1節　精神疾患の先行研究

精神疾患（Psychiatric Disorder）の先行研究は膨大にありますので，ここでは精神疾患の測定時に使用される国際的な二つの基準，つまり，アメリカ精神医学会が発行する Diagnostic and Statistical Manual of Mental Disorders, Fifth Edition（DSM-5）[91] と世界保健機構が発行する 11th revision of the International Classification of Diseases（ICD-

11）[153] を用いて，現在の心理学が，精神疾患をどのように把握しているかを示し，それを精神疾患のレビューとします。

まず，精神疾患に関しては，疾病（disease）と症候群（syndrome）を分けるのが一般的です [154]。疾病では，その評価時に症状とその原因を明確にしているものを示します。例えば，DSM-5 のアルツハイマー病による認知症では，認知機能が低下している症状に加えて，「アルツハイマー病の原因となる遺伝子変異がある」という原因も記述しています。そのため，アルツハイマー病による認知症は疾病として捉えられます。一方，原因の記述がなく，症状のみを記しているものは症候群と言います。例えば，DSM-5 の統合失調症では，妄想や幻覚などの症状の記述はありますが，その原因は記述されていません。そのため，統合失調症は症候群として捉えられています。もちろん，初めは症候群だったものの，研究が進むことによって疾病になることは十分あり得るのですが，現在の ICD-11 や DSM-5 の精神疾患のほとんどが症候群として記されていますので [91][153]，現在でも精神疾患の原因は十分に特定出来ていないと言えます。

また，疾患を分類する際は，単形質アプローチと多形質アプローチがあります [155]。単形質アプローチでは，特定の疾患を満たすには必ず単一の症状を完全に満たさなければならないという厳しい基準があります。アルツハイマー病による認知症は，認知機能の低下を必ず満たさなければならないとしていますので，単形質アプローチをとっていると言えます。一方，多形質アプローチでは，その疾患を満たすための閾値となる症状の数を決め，症状の数がその閾値を超えていれば，疾患があると評価します。例えば，統合失調症では幻覚や妄想などの５つの症状の内，２つを少なくとも満たしていることが基準となっていますので，２を閾値とした多形質アプローチをとっていると言えます。現在の ICD-11 や DSM-5 の精神疾患のほとんどがこの多形質アプローチで記されていますので[91][153]，精神疾患のほとんどは単一ではなく，複数の形質の組み合わせで生じると考えられています。

精神疾患の測定で他にも特徴的なのは，クライエントの主観的報告か，もしくは，治療者によるクライエントの観察によってのみ，ほとんどの疾患が確定されている点です[156]。ICD-11 や DSM-5 の精神疾患での症状の構成要素はほとんどがこれらのいずれかによって確定されています。そのため，他の医学領域では，疾患の確定の際に頻繁に用いられる血液検査・画像検査・病理検査（組織の採取）などは精神科ではほとんど用いられません。さらに，精神疾患は，疾患同士が互いに分離されており，有か無かのいずれかで判定し得るという前提で作られています[156]。これらの点については今でも根強い批判があります。

根強い批判の一つが，精神疾患は互いに独立したものではなく，互いに関連しているという指摘です[156]。実際，多くの研究で，精神疾患は偶然以上の確率で互いに併発しやすいことが示されています[157][158][159]。つまり，精神疾患が独立であるという前提がそもそも成立しないことが指摘されており，精神疾患を有か無かという枠組みではなく，多いか少ないかという枠組みでとらえようとする研究が多くなされており[160]，特にパーソナリティ障害の分野で盛んです[161]。

また，もう一つの批判が，医薬業界の利害関係が精神疾患の評価に影響しているという懸念です[162]。精神疾患の評価では，一定期間症状を保っていることが重視されますが，その期間を過去１カ月間にするか，３カ月間にするかについては特に決まっておらず，診断基準を作成している評議員同士の話し合いによって決定されます[156]。ここである疾患の定義を１カ月間とした場合，３カ月とするよりも当然クライエントの数は多くなるわけですので，そのクライエントに治療薬を提供している私企業は，利益を得やすくなります。このとき，評議員の多くがこういった私企業から多くの研究資金を得ているという現実を踏まえると[162]，その評議員が私的な利益のために，話し合いを進めて，評価基準をゆがめてしまう可能性が持たれてしまいます[162]。ICD-11を発行する世界保健機構の場合，200カ国以上の代表者会議で最終決定されるため，私的な企業による誘導は難しいかもしれませんが，DSM-5を発行するアメリカ精神医学会の場合，この学会のメンバーのみで決定されるため，私的な企業の影響を受けやすいという懸念があります[163]。

こういった批判はあるものの，ICD-11やDSM-5が今でも幅広く使用されているのは，どの文化圏でもこれらのマニュアルを使うことによって，精神疾患に関する評定者間一致率が高くなるからです[33][164]。つまり，同じクライエントを一定のトレーニングを受けた治療者が評価した場合，同じ精神疾患を評価しやすいということです[165]。この高い一致率によって，専門家同士の意思疎通も取りやすくなりましたし，精神疾患を特定した上での治療プログラムも組みやすくなりましたし，精神疾患に関する疫学調査もやりやすくなりました[163]。裏を返せば，これらのマニュアルが出来る前の1950年代以前は，病院ごと，もしくは，治療者ごとに精神疾患の定義があったので，治療者同士で有意義な会話は成立しにくかったですし，ましてや国際的な比較などは全く出来ない状態でした[163]。

精神疾患のクライエントは古代からおりましたが，精神疾患に関して治療者間で意思疎通が出来るようになったのは，多く見積もっても80年程度の歴史しかありませんので，現在でも未だにクライエントの精神疾患を十分に把握出来ていない状態です。しかし，国際的な精神疾患のマニュアルが出来ることによって，徐々に改善されつつあり，今後も改善されていく，という見通しです。そのため，精神疾患の評価は現在でも決して固定されたものではなく，時代によってこれまでもこれからも変わり得るものとして理解しておいてください。

5章2節　精神疾患を測定する従来の手法とその課題

DSM-5で定義された精神疾患を測定するためには，Structured Clinical Interview for DSM-5（SCID）を用いるのが一般的です[166]。SCIDでは，治療者の質問内容の表現と順番があらかじめ決まっており，これを正確に実施することが求められます。なお，構造化面接（Structured Interview）とは質問内容と順番が決まっている面接のことを示しています。この方法によって，治療者同士の評定者間一致率を高く保つことが出来ます[32][167]。

例えば，大うつ病の査定では「この一カ月間に，一日の大半を憂うつに感じたり，落ち込んだりすることが毎日のように続いた時期がありますか？」と聞きます。このように初めの質問を「はい」か「いいえ」かで答えられる質問にすることで，面接時間を短縮するようにしています[147]。「はい」と答えたクライエントには，治療者がさらに詳しく質問することで，クライエントの説明が「２週間，抑うつ気分が一日中かつ毎日続いている」という状態に合致するかどうかを判定します。

ここでポイントは，クライエントの発話は参考にはしますが，クライエントが現在の症状に該当するかどうかは治療者の判断に委ねられているということです。例えば，仮にクライエントが「この２週間毎日朝から晩までずっと落ち込んでいます」という発話をすれば，その応答から「２週間，抑うつ気分が一日中かつ毎日続いている」という症状に該当しており，症状を支持するエビデンスと考えられます。しかし，このクライエントの家族から，その２週間の間にクライエントはスキューバダイビングに行っており，終始笑顔だったと聞いていた場合，クライエントの発話とは矛盾することになります。このとき，どちらのエビデンスを採用するかは治療者に委ねられており，その治療者の判断によってクライエントの精神疾患の評価も変わってきます。こういった治療者の判断は，入院されているクライエントの場合に有益であることが指摘されています[95]。

SCIDについては，一定のトレーニングが必要であることが示されていますが[165]，トレーニングを受けた治療者によるSCIDの実施は，クライエントに対する質問紙調査よりも，精度が高いことが指摘されています[168]。というのも，クライエントによる自己報告ですと，「2週間，抑うつ気分が一日中かつ毎日続いている」に関する評価がクライエント個人によってブレやすいですが，専門家による判定では，その評価が安定していると考えられているからです[165]。

SCIDは現在でも広く使用されていますが，一つ問題があります。それはクライエントが治療者に対して持つ評価懸念(「変な風に思われないか」)によって，クライエントの自己開示が抑制されてしまい，それによって正確な査定が出来なくなるという点です。例えば，摂食障害（自分の体型を過剰に意識してしまい，食行動に制限が出てしまう精神疾患）のクライエントは，自分の体形を男性から評価されることを過度に恐れることが報告されています[169]。そのため，男性の専門家が摂食障害のクライエントに体重などの体形に関する情報を聞いたとしても，正確な情報を得られない可能性があります（図5-1）。

特に女性の場合，男性が得意と考えられている課題で成績が良いと(財務計画を上手く立てるなど)，周囲から嫌われやすく，低く評価されやすいということが報告されています[170]。実際，男性が得意と考えられている学問領域では，大学進学後に男女の成績差が拡大するということも報告されています[171]。これらの知見は多くの女性が男性による評価懸念を抱いていることを示しています。このことから，面接者が男性で，クライエントが女性で，かつ，摂食障害である場合，さ

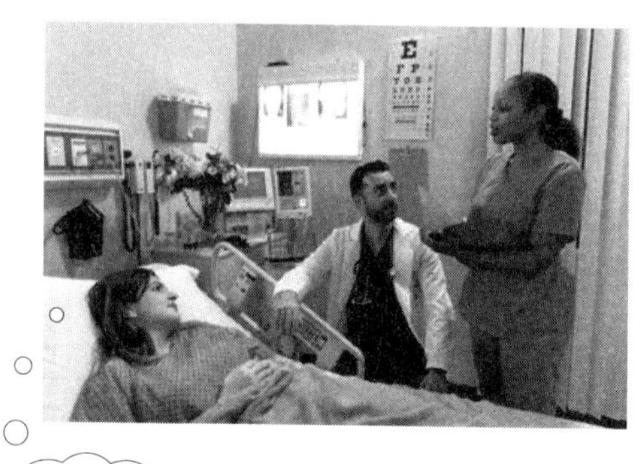

図 5-1　専門家による精神疾患の測定とその課題

まざまな評価懸念が働き，正確な情報を得られない可能性が高いと言えます。

5章3節　精神疾患を測定する新たな手法

この評価懸念の課題を払しょくするために，本研究では，音声で対話し得るヴァーチャルエージェント（VA）を開発し，その VA が実験協力者に対して構造化面接を行い，精神疾患の測定を行うようにしました（図 5-2）。本研究で用いた VA は，外観および紋切り型の質問から，明らかに機械のみで操作されており，人間に操作されていないことが分かります（図 5-2A）。こういった VA の場合，誰かに評価される，という評価懸念が下がるために，より自己開示が行われやすいことが報告されています [172][173]。実際，コンピューターにインタビューされていると思っている実験協力者はそうでない実験協力者よりも評価懸念が低く，悲しみなどの表情をより表出しやすいことが報告されています [37]。これらの知見は，VA は，人間よりも，実験協力者の評

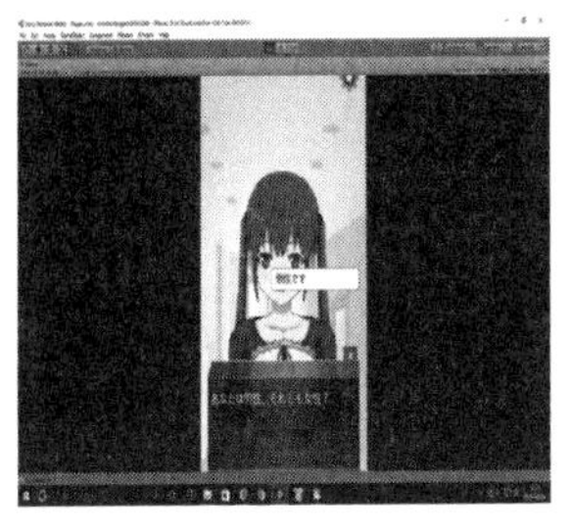

A　　B　　C

図 5-2　音声対話システムと人間の専門家による精神疾患の測定

価懸念を低下させて，より多くの情報が得られることを示唆しています。

本研究の VA は，日本語の音声認識システムである Julius 4. 4. 2[174] を使用した音声対話システム（図 5-2A）を使用しています。また，500 ミリ秒ごとに撮影する Web カメラも内蔵しています。この VA は，全ての協力者に対して精神疾患簡易構造化面接法（Mini-International Neuropsychiatric Interview 5.0）[175] の日本語版 [176] を実施しました。VA は，クライエントの過去の精神疾患の症状はほとんど聴き取らず，主に現在の症状を聴き取っています。また，現在の症状を評価する際に疑われる身体的条件や他の精神疾患については考慮していません（表 5-3）。

参加者はマイクを介して VA と会話し，コンピュータのマウスを使って会話を進めました（図 5-2B）。VA には，トレーニング場面と評価場面があります。トレーニング場面では，1 人の実験補助者が実験室に協力者と一緒にいて，参加者に合わせてマイクの高さを調整したり，VA との会話の仕方を指示したりしました（表 5-3）。トレーニング終了後，実験補助者は部屋を出て行き，VA がコンピューターのモニタに表示されます。この評価場面では，参加者は VA と二人きりで会話

表 5-3　ヴァーチャルエージェント（VA）と人間の専門家（RE）の実験場面の比較

		VA		RE	
スクリーニング	人口動態データ	×		○	
	教育・雇用歴	×		○	
	過去の精神疾患歴	×		○	
	過去の既往歴	×		○	
	現在の症状	×		○	
	現在の社会機能	×		○	
トレーニング	音声の調整	○		×	
評価	大うつ病エピソード (MDE)	MINI A (P)		SCID A (C, L)	
	MDE の分類	MINI A (C) a		SCID A (C)	
	躁 / 軽躁 エピソード	MINI D (L)		SCID A (C, L)	
	躁エピソードの分類	×		SCID A (C)	
	気分変調症	MINI B (C)		SCID A (C)	
	気分障害の分類	×		SCID D (C, L)	
	アルコール乱用	MINI J (C)		SCID E (C, L) b	
	アルコール依存	MINI J (C)		SCID E (C, L) b	
	パニック障害	MINI E (C)		SCID F (C, L)	
	広場恐怖	MINI F (C)		SCID F (C, L)	
	特定恐怖症	×		SCID F (C, L)	
	社交不安障害	MINI G(C)		SCID F (C, L)	
	強迫性障害	MINI H(C)		SCID F (C, L)	
	PTSD	MINI I (C)		SCID F (C, L)	
	全般性不安障害	×		SCID F (C, L)	
	拒食症	MINI M(C)		SCID H(C, L)	
	過食症	MINI N(C)		SCID H(C, L)	
除外基準	症状は身体疾患によって説明されない。	×		○	
	症状は他の精神疾患によって説明されない。	×		○	
		M	*ME*	*M*	*ME*
	面接時間	20.76	1.40	38.23	4.49

注 : MINI：精神疾患簡易構造化面接法。A から N は MINI のモジュールを示しています。SCID：精神科診断面接 第 4 版非患者用。A から H は SCID のモジュールを示しています。M: 平均，ME: 誤差範囲（margin of error），C: 現在の経験，P: 過去の経験，L: これまで生きてきた中での経験，a: メランコリーのみ，b: 薬物関連の項目は除去されました。なお，VA に対して人間の専門家を表す RE はリアルエキスパートの意。

をし，VA が精神疾患簡易構造化面接法を行いました。実験補助者は，参加者がベルを鳴らすまで実験室には戻りません。

一方，人間の専門家は，精神保健分野で 10 年以上の経験を持つ日本の公認心理師・臨床心理士の男性です。彼はまた，日本の刑務所の受刑者に対する心理療法の経験があります [177]。協力者は，VA とは別の実験室で人間の専門家と会話し（図 5-2C），会話中の顔の表情がビデオ録画されました。専門家は,「精神疾患の診断と統計マニュアル第 4 版，テキスト改訂第 1 軸障害，非患者版の構造化臨床面接」[32] の日本語版 [72] を実施しました。質問の形式を表 5-3 に示します。人間の専門家には，スクリーニング場面と評価場面があります。スクリーニング場面では，協力者の学歴，職歴，病歴について情報を得ました。また，人口統計学的データ，社会的機能，および現在と生涯の両方の観点から症状について質問しています。また，専門家の評価場面では，クライエントの身体疾患や他の精神疾患によって，現在の症状が説明されないかどうかについても検討しています（表 5-3）。

5章4節　新たな手法によって得られる新たなデータ（成果）

調査協力者は 55 名の大学生です。この内 28 名が無作為に選ばれ，彼・彼女らは VA の面接を受けた後に人間の専門家の面接を受けました。残りの 27 名は人間の専門家の面接を受けた後に VA の面接を受けました。無作為化を行う際は，協力者の年齢，性別，学部が均されました。表 5-3 が示す通り，人間の専門家の面接の方が，VA の面接よりも長くなることが示されました。というのも人間の専門家の方が厳密な基準を用いているためです。なお，面接時間の長さは調査協力者の回答によって変わるため，面接時間の長さは統制されていません。

また，調査協力者は VA と人間の専門家との面接が終わった後に両者との治療同盟を質問紙で記入しました [73]。この質問紙は 6 項目 5 件

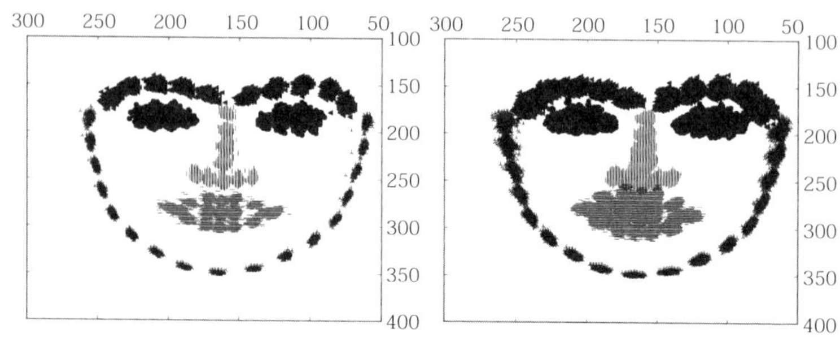

図 5-4　音声対話システム（左側）と専門家場面（右側）での被験者の顔運動の例

法で，三つの下位カテゴリーがあります。つまり，情報伝達，情動伝達，及び信頼関係になります。このスコアを用いて，人間の専門家と VA との治療同盟を測定しました。

また，実験協力者の顔の運動が VA と対面している時と専門家と対面している時とでどのように異なるのかを評価しました。評価方法は２章で行われた方法と同じです（図 2-3)。ある実験協力者の方を例としてその動きを図示しました（図 5-4)。図 5-4 から分かるように，専門家との対面場面では顔の動きが大きい一方，VA と対面している時は,顔の動きが少ないことが分かります。精神疾患の構造化面接では，ほとんどの質問が否定的な内容になりますので，否定的な情動表出が出ていることが想定されます。そうすると，VA の方が同じような質問内容でも，否定的な情動表出が出にくい，ということが言えそうです。

また，実際の精神疾患の測定結果ですが，VA が優れている面と劣っている面の両方が現れました。VA が優れている面は，摂食障害の聞き取りでした（表 5-5)。神経性無食欲症とは，体形や体重を気にするあまり，ほとんどご飯を食べなくなってしまう精神疾患で，神経性過食症とは，大量にご飯を食べ過ぎてしまい，その後トイレなどで吐

表 5-5　ヴァーチャルエージェントが専門家よりも
優れて聞き取れていた症状聴取

A 神経性無食欲症

		専門家の評価	
		あり	なし
ヴァーチャルエージェントの評価	あり	0	2
	なし	0	53

B 神経性過食症

		専門家の評価	
		あり	なし
ヴァーチャルエージェントの評価	あり	0	2
	なし	0	53

き出すことで，体形や体重を保とうとする精神疾患です [91]。４名の方がVAには摂食障害の症状を報告していましたが，人間の専門家には報告していませんでした（表 5-5）。

例えば，ある女性は無食欲症のために月経が止まったことをVAに報告していましたが，同じ質問を男性の専門家がしても，月経は止まっていないと報告していました。また，ある男性は体重が 51 キロ以下であるとVAには報告していましたが，専門家には 52 キロ以上であると報告していました。同様に，ある女性は過度に食べ過ぎてしまうことが週に２回以上あるとVAには報告していましたが，専門家には半年に１回と報告していました。さらに別の女性は過度に食べ過ぎてしまうことがあることをVAに報告していましたが，専門家には全く報告していませんでした。これらの報告内容を見る限り，専門家には，症状を低く見積もって答えていたと考えられます。つまり，摂食障害の方々はVAにより正直な報告をしていることが伺えます。

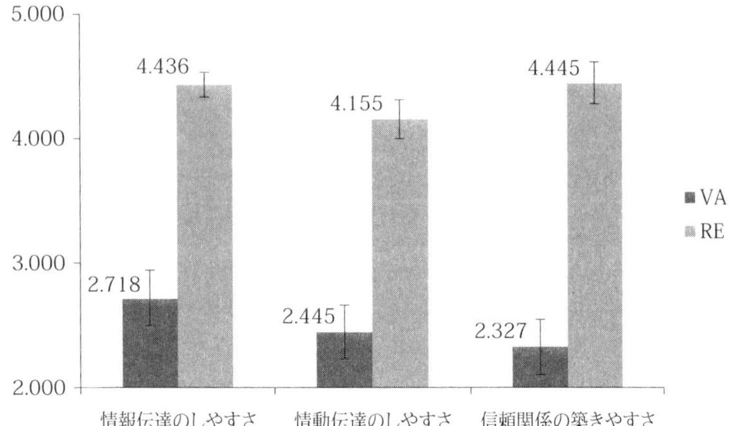

図 5-6　人間の専門家がヴァーチャルエージェントに優れていた点
注：VA：ヴァーチャルエージェント，RE：人間の専門家

一方，専門家が VA よりも優れて聞き取れていた内容は，大うつ病です。過去の大うつ病を経験していた 13 名の方は全て専門家には症状を報告していましたが，VA には全く報告していませんでした。この要因として考えられるのは，話しやすさや治療同盟に関して人間の専門家の方が VA よりも優れていた点が考えられます（図 5-6）。つまり，人間の専門家の方が，VA よりも治療同盟を築きやすかったために，うつ病などについては専門家の方に話しやすかったと考えられます。

5章5節　臨床への応用

本研究の結果は，VA が性的な話題に関して，人間の専門家よりも優れているという先行研究と合致します [35][36]。性的な話題は，他者からの評価懸念が入りやすいので，性に関する問題は VA による聞き取りを行った方が，より話しやすくなることが考えられます。そのため，

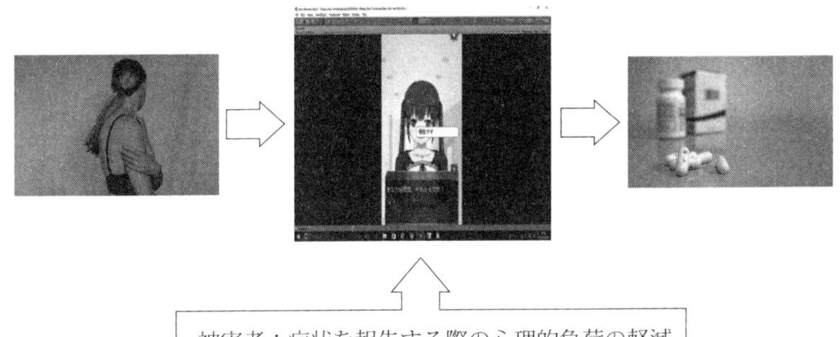

図 5-7　ヴァーチャルエージェントが有用な領域（緊急避妊薬のための評価）

性的な問題を聞き取る必要があるような場面では VA を積極的に利用したほうが良いと考えられます。

例えば，ある種の性被害に遭われた方は 72 時間以内に緊急避妊薬を飲むことが望ましいと考えられており，日本ではそのための産婦人科も紹介されています [178]。ただ，被害者の方にとって，初対面の産婦人科医に対して性被害をそのまま報告することは心理的負荷の高い作業と言えます。特に被害者が女性で産婦人科医が男性である場合，その負荷はより高く，緊急避妊薬を取得する際の妨げにもなりかねません。つまり，最適な治療選択肢を選べなくなってしまいかねません。こういった場合に，病院などで VA があれば，被害者はその VA を介して報告出来ますので，心理的負荷を下げることが出来ます。また，VA は人間の専門家よりも正確な報告が期待出来ますので [4][35][36]，その報告に基づいて評価者も正確な評価が出来るようになります。もちろんこういった報告自体が不要であるという議論もありますが，このように VA を活かすことによって，従来は難しいと言われていた課題のいくつかは解決しやすくなるでしょう。

なお，VA は現在でも広く使用されています。例えば，ある研究では，理学療法中のクライエントの運動をVAが分析することによって，クライエントの運動評価が可能になることが報告されています[179]。また，別の研究では，言語療法の一部をVAが行うことによって，クライエントの発話が改善されたという研究もあります[180]。さらに，クライエント役を演じるヴァーチャルクライエントを作成して，治療者のトレーニングに活かすという研究もあります[181]。これらの研究はいずれもVAが，精神保健だけでなく，さまざまな領域で有効に活用され得ることを示唆しています。

ただし，VAの利用についてはいくつかの倫理的課題もありますので，その点を指摘しておきます。まず，VAが不具合を起こした場合（例えば，同じ質問のみを繰り返したり，もしくは，必須の質問を飛ばしたりしている），それに治療者が気づいて，改善することが必要です。また，精神保健の領域は個人情報を扱うことも多々ありますので，データセキュリティに対してあらかじめ環境整備をしておくことが求められます。また，VAについては，開発の指針（開発しても良い / 良くない領域，開発に伴う責任，開発時の望ましい手順）がほとんど決められていません[122]。そのため，開発者個人もしくはそのチームが倫理的配慮を高く維持しておく必要があります。さらにVAが乱用されるリスクにも配慮する必要があります[182]。例えば，地方は都市部と比べて，専門職の不在などによって，医療サービス全般が整っていない傾向があります[183]。こういった地方で，人間の専門職を置く努力をせずに，VAを設置した場合，この地方の医療サービス全般が低下する可能性があります。なぜなら，現在のVAは人間の治療者の技能に遠く及ばないからです。また，こういった設置によって，地方と都市部にある医療サービス全般の格差が拡大してしまう可能性もあります。つまり，VAは道具であり，それを使うことによって精神保健サービスの改善にも改悪にもなると言えます。こういった点を考慮した上で，VA の研究・運用を進めていく必要があるでしょう。

第6章

ネットいじめの社会ネットワーク分析

6章0節　要　　約

本章では，「ネットいじめはネット上の人間関係から伝播するの？」という質問に答えています。まず，ネットいじめの先行研究を概観した上で，従来行われている質問紙調査では，質問紙調査に答えていない人達がネットいじめに関与しているかどうかが分からないという課題を指摘します。そこで，本研究では，ネットいじめを行う集団の特徴的な人間関係パターンを機械に学習させ，そのパターンに基づいて，ヴァーチャルコミュニティ上でのネットいじめの伝播を検討しました。3,504名の質問紙調査に基づいて，129,164名のネットユーザーをネットいじめ加害者，被害者，非加害者 / 非被害者に分類しました。その結果，ネットいじめの加害者の周囲には加害者・被害者が集まりやすく，また，被害者の周囲にも加害者・被害者が集まりやすいことが分かりました。こういったグループでは「ネットいじめをしてもよい」という誤った社会規範が学習されている可能性があり，学校全体でこの課題に対して介入する必要があるという点を指摘しました。

6章1節　ネットいじめの先行研究

ネットいじめ（Cyberbullying）とは，上位者が下位者に対して有害な意図をもってインターネット上で繰り返し攻撃すること，と定義されます[184][185]。従来のいじめ（traditional bullying）とネットいじめは基本的に同じですが，従来のいじめは主にオフラインの世界で行われている一方，ネットいじめはオンライン上にのみ限定して行われているという違いがあります[184][185]。もちろん，ネットいじめでは，一個の写真や動画が容易に拡散しますので，繰り返し行われていなくても一回で十分にいじめに該当する，という考え方もあります[186]。

ネットいじめの被害率ですが，アメリカの12歳～18歳の青少年を対象にした調査では，調査時までの6カ月間に限定してネットいじめの被害を聞き取った場合，全体の9％がネットいじめの被害に遭っていると報告しています[187]。なお，この調査では従来のいじめの被害が27.8％となっています[187]。もちろん，この聞き取る期間を狭くすると少なくなり，大きくすると多くなりますので，ネットいじめの被害率に差はあり，別の研究では20-40％程度とも報告されています[188]。

また，ネットいじめの被害率は年齢と共に逆U字型になることが知られており，この点は従来のいじめと同じです。例えば，ある調査では，小学校の高学年頃（小学校5年生4.5％）からネットいじめの被害に遭い，中学生で最もネットいじめの被害に遭いやすくなった（中学校2年生12.9％）後，高校生ではネットいじめの被害に遭う経験が少なくなる（高校生2年生9.9％）と報告されています[189]。なお，ネットいじめは大学生になっても存在することが知られており，高校時代にネットいじめの加害者だった場合，大学時代にも同じようにネットいじめの加害者になり，被害者だった場合は被害者になりやすいことが知られています[190]。

また，ネットいじめの加害者は被害者にもなりやすく，かつ，ネットいじめの被害者は加害者にもなりやすいことが知られています[191]。同様に，ネットいじめの加害者や被害者は従来のいじめの加害者や被害者とも関連しやすいことが知られています[184]。これらの結果は，

「上位者は下位者を繰り返し意図的に攻撃してもよい」という規範がいじめの加害者や被害者らに共有されており，この規範がオンライン上でもオフライン上でも表れていると考えると分かりやすいです[185]。

ネットいじめの被害経験にあった場合は，その後抑うつ気分を抱えやすく，アルコールやたばこなどの摂取リスクが高まることが報告されています[192]。また，ネットいじめの加害経験があった場合は，「上位者は下位者を繰り返し意図的に攻撃してもよい」という誤った規範を学習しているため，問題行動を起こしやすい（他人に対する攻撃，他人の所有物の破壊，及び，規則違反がある）ことが知られています[193]。もちろん，これらを見ていただけの人も「上位者は下位者を繰り返し意図的に攻撃してもよい」という誤った規範を学習してしまうため，攻撃行動が出やすくなることが知られています[194]。

ネットいじめに対する予防・介入プログラムは，無作為化統制実験でその効果が確認されているものが多数あります[195]。これらのプログラムでは学校やクラス単位で行われることが多いです。というのも，ネットいじめは集団現象であり，（主に学校で行われる）従来のいじめと関連することが知られているからです[184]。これらのプログラムでは，「上位者は下位者を繰り返し意図的に攻撃してもよい」という誤った規範がクラス内に行き渡るのを防ぎ，「誰も意図的に攻撃してはならない」という正しい規範がクラス内に行き渡るように１年から２年かけて，授業も踏まえてやっていくことが標準的なアプローチになっています[195]。

６章２節　ネットいじめを測定する従来の手法とその課題

従来のいじめを測定する方法で一般的なのは，匿名性を担保した上で，学校内の子ども全員に対して質問紙調査を行うという手法です[169][197]。なお，調査対象者は子ども，その親，教員が可能性として考えられますが，子ども，その親，教員の順に評価の妥当性が下がっていくことが報告されています[198][199]。つまり，子どもから直接いじめの被害・加害経験を聞き取ることが最も信頼性・妥当性が高いと考えられています。

ネットいじめでもこの方法に倣い，ほとんどの研究が子どもに対して直接質問紙調査を行っています[188]。もちろん，調査方法は紙と鉛筆でも構いませんし，ウェブ上の調査でも構いませんが，多くの場合学校内で一斉に行い，回収率を高めることが一般的です[200][201]。

ただし，ネットいじめは従来のいじめと異なる特徴があるため，質問項目が統一されていない，という課題があります[201]。例えば，いじめの定義では，１．繰り返されていること，２．上位者から下位者への攻撃が明示されていること，３．有害な意図を攻撃者が持っていること，の三つを含むことが重視されていますが[202]，ネットいじめの先行研究ではこれらの一部が定義から欠損していることが報告されています[200][201]。そのため，個々の研究で定義が異なるために先行研究の比較が難しいということも報告されています。

また，ネットいじめの期間を１カ月にするか１年間にするかで，その発生頻度も変わってきますので[201]，ここも問題点として指摘されています。また，いくつかの調査では，ネットいじめのサイバー空間（チャットのみ）やデバイス（携帯電話）を特定している場合もあり，ネットいじめの研究を統合する際の障壁になっています[201]。

なお，近年では自然言語処理の観点から，チャット上の侮蔑表現を特定して，その侮蔑表現の多寡によってネットいじめを確認しようとする試みも行われています[203]。これだと確かにテキスト上の侮蔑表現に基づいて客観的に評価が可能と考えられます。しかし，このアプローチでは隠語や造語に対応出来ないことが考えられ，多くのネットいじめを把握出来ない恐れがあります。

例えば，ある人が学校内で「赤い鼻」として罵しられていたとします。その人に対してクラスメイトの多くがネット上で「鼻」というコメントをしたり，「赤」というコメントをしたりしただけで，その人が傷つくのは明白で，この状態が 1 カ月間続いていた場合，この状態はネットいじめに該当します。

しかし，「赤」や「鼻」という単語自体に侮蔑の意味は含まれていませんので，この内容のみから侮蔑が行われるということを特定することは困難です。また，1 カ月の間に「鼻」という単語を「花」という隠語や「Hana」という造語で示すように変遷していった場合，この状態に基づいて，ネットいじめを特定することは極めて困難になります。

つまり，テキスト分析でネットいじめを特定しようとした場合，隠語や造語に対応するのが難しくなります。また，質問紙調査の場合は，回答率が十分に得られなければ，そもそも実態が把握できないという恐れがあります。特に，学校以外の場所で調査を行う場合，回収率は下がりやすいです（図 6-1）。質問紙の回収率が低い場合，ほとんどのいじめ加害・被害を測定できないので，データ自体にバイアスがかかってしまい，データの代表性が疑われてしまいます。その結果，データ分析の結果が他の集団に対して適用出来ない可能性があります。

質問紙調査を拒否している生徒が多い場合，その拒否している生徒が加害者・被害者なのかが分からない。

図 6-1　質問紙調査でネットいじめを測定する際の課題

６章３節　ネットいじめを測定する新たな手法

この課題を解決するために，本研究では，ネットいじめの質問紙調査を用いながら，その人たちのネット上のネットワークパターンと関連づけ，そのネットワークパターンに基づいていじめの被害者・加害者を推定しました。つまり，ネットいじめの被害者・加害者は特有のネットワーク特徴を持ち，それが他のユーザーにも当てはまると考えたのです。まず，先行研究と同じ質問紙調査で，調査協力者がネットいじめの被害者であるか非被害者であるかを特定します[196]。次に被害者は自分のネット上の部屋に友人を招き入れたり，もしくは，自分の友人の部屋を訪問したりしたログを確認します（図 6-2 の黒色の実線と灰色の実線）。被害者の部屋を訪れる友人は，ネットいじめの加害者である可能性があるので，その関係は加害者から被害者への潜在的関係とされます。同様に，被害者が訪れる部屋の所有者は，ネットいじめの加害者である可能性があるので，その関係は被害者から加害者への潜在的関係とされます。同様の手法は非被害者に対しても行えます（図 6-2 の黒色の破線と灰色の破線）。このようにして，質問紙の調査協力者における加害者から被害者への潜在的関係及び被害者から加害者への潜在的関係を全て推定します。

次に，ネットワークの特徴をベクトル表現に変えていきます。ここでは，ネットワークをテキストデータのように変換して，ネットワーク特徴を抽出します[204]。このやり方は 4 章の自然言語処理とほぼ同じです。まず，あるユーザー [a] を選んで，そのユーザーの友人 [b]（ユーザーが訪問した人）をランダムに選びます。次にその友人の友人 [c] を選びます。このようにランダムに選んだユーザーを記録して，[a, b, c・・・・] という文を作ります。この文を何度も作成し続けると，あるユーザー [a] と共起しやすいメンバー [b] や [c] というのが特定出来

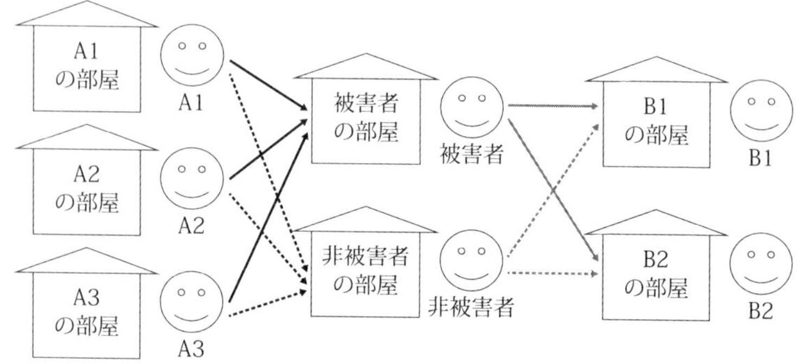

図 6-2　ネットワークデータに基づくネットいじめの潜在的関係の推定

注：黒色の実線は加害者から被害者への潜在的関係。黒色の破線は非加害者から非被害者への潜在的関係。灰色の実線は被害者から加害者への潜在的関係。灰色の破線は非被害者から非加害者への潜在的関係。

ます。これは自然言語処理で言う「馬」「走る」「早い」が互いに共起率が高いことと同じ意味になりますので，同じ手法でベクトル表現にすることが出来ます。

この入力データを基にニューラルネットワークに入れるのですが，ニューラルネットワークは音声処理（図 3-3）と同じです（図 6-3）。異なるのは結果のところです。音声処理ですと複数のラベルがありましたが，ここは加害者－被害者関係かどうかの 1 と 0 のみで表現されます。データの内の 8 割をトレーニングデータとして，残りの 2 割をテストデータにし，学習を繰り返した結果，88.47% の正答率で加害者から被害者への潜在的関係を分類し得る分類機が得られました。同様に被害者から加害者への潜在的関係についても分類機を作成し，学習を繰り返した結果，85.32% の正答率を示す分類機が得られました。この分類機によって，全てのユーザーの関係が加害者から被害者への潜在的関係かどうか，被害者から加害者への潜在的関係かどうかを推定することが出来ます。

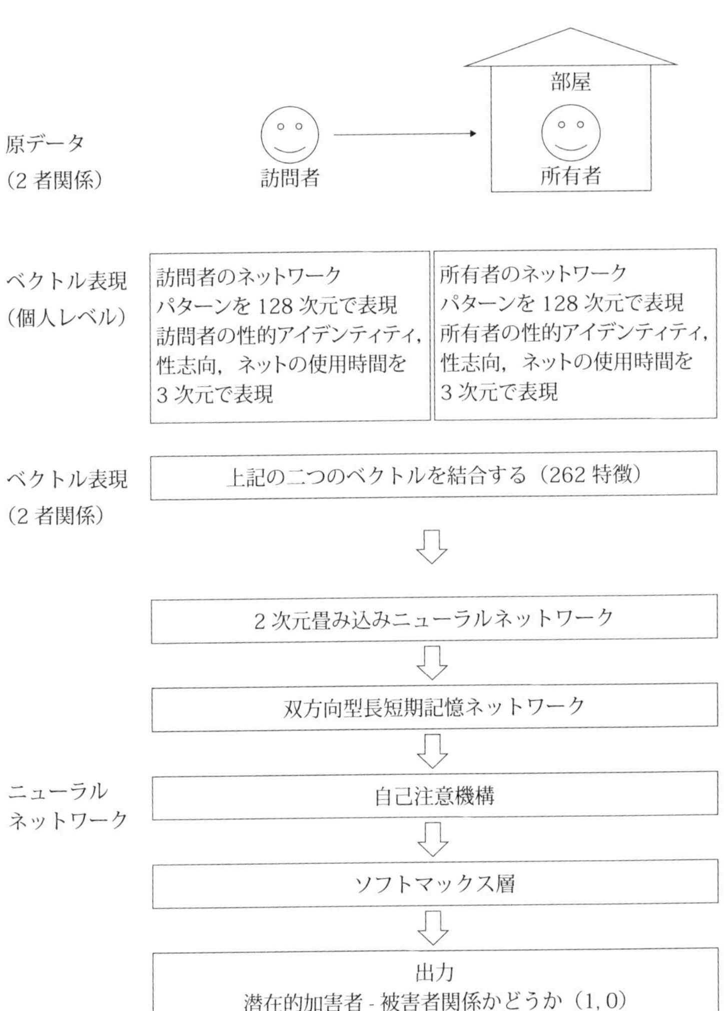

図6-3　機械学習を用いた潜在的加害者－被害者関係の推定

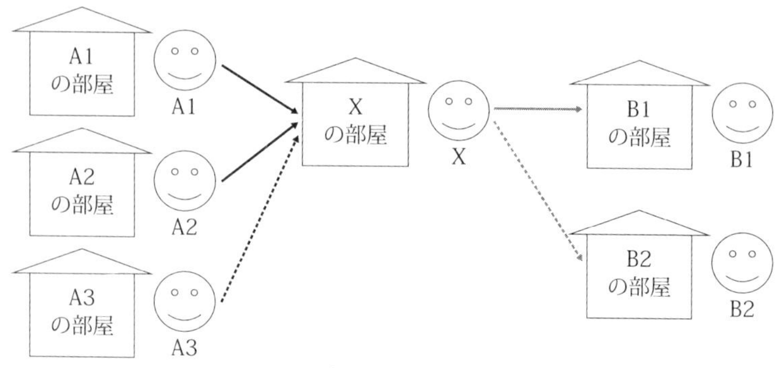

図 6-4　ネットワークデータに基づくネットいじめの被害者の推定

さて，これで準備が整いましたので，ネットいじめの被害者と加害者を推定していくことが出来ます。図 6-4 ではXさんの状態を推定しています。黒色の実線は加害者から被害者への潜在的関係，黒色の破線は非加害者から非被害者への潜在的関係を示しています。また，灰色の実線は被害者から加害者への潜在的関係，灰色の破線は非被害者から非加害者への潜在的関係を示しているとします。Xさんは加害者から被害者への潜在的関係を二つ持っており（黒色の実線），被害者から加害者への潜在的関係を一つ持っている（灰色の実線）ので，潜在的被害者関係は 3 個となります。また，Xさんの全てのネット上の関係は 5 個となります（図 6-4）。Xさんの潜在的被害者関係を全てのネット上の関係で割ると 3/5 になり，0.5 以上の確率になるので，Xさんはネットいじめの被害者と推定することが出来ます。矢印を逆にした図であれば，加害者の推定ができることも容易に判断出来ますね。これによって，全てのユーザーをネットいじめの被害者かどうか，加害者かどうかで判定することが出来るようになりました。

６章４節　新たな手法によって得られる新たなデータ（成果）

ここでは実際の結果を見てみましょう。本研究の協力者には，主分析のための主協力者と，機械学習による分類のための補助協力者の２種類があります。主協力者は，ある月のピグパーティユーザーの中から選ばれました。ピグパーティとは日本のネット上のチャットプラットフォームであり（図 6-5），ユーザーは名前，アバター，部屋を所有し，それらを自由に変えることが出来ます[205]。アバターがあるプラットフォームでは，社会的な存在感がネット上でも出やすく，情緒的な交流や社会的ネットワークがより促進されやすいとされています[206][207][208][209]。主協力者の内，１カ月間に，他のユーザーとのチャット時間が１秒未満であったユーザーは，分析から除外しました。最終的に，129,164 人のピグパーティユーザーが主協力者とされました。また，この中でアンケート調査に協力された方で，かつ，欠損値のなかった 3,504 人は補助協力者になりました（表 6-6）。

次にユーザー同士の親密さ（intimacy）を測定するために，訪問期間のログを用いて，下記の式で計算しました。

$$intimacy(i,j) = \frac{t_{ij}}{\Sigma_k t_{ik}} \quad （式 6\text{-}1）$$

（式 6-1）の t_{ij} は，１カ月間にユーザー j がユーザー i の部屋に滞在した時間を示しています。もちろん t_{ik} の総和はユーザー i の部屋に滞在した全てのユーザーの時間を示しています。（式 6-1）によって，ユーザー j がユーザー i の部屋に滞在した時間の割合が求められます。もしユーザー i にはユーザー j しか部屋を訪問する友人がいなければ，その数値は 1.0（100％）となります。つまり，ユーザー i のピグパーテ

図 6-5　ピグパーティ

注：ユーザーは，それぞれ匿名の名前，アバター，プライベートルームを所有することができます。ユーザーが所有するアバターは個々のユーザーに対応しており，その外見をユーザーは自由に変えることができます。また，アバターの足元には，ユーザーの匿名の名前が表示されています。部屋の所有者は，部屋の装飾を自由に変更することができます。また，ユーザーが自分の所有している以外の部屋に入るには，その部屋の所有者の許可が必要です。そのため，あるユーザーが別のユーザーの部屋に入った場合，その人はその所有者の友人とみなすことができます。

ィ上の人間関係がユーザー j のみである場合，ユーザー i はユーザー j に対して親密な関係であると言えます。一方，ユーザー i に多くの友人がいた場合，この割合は下がっていきます。つまり（式 6-1）の式はユーザー i とユーザー j との親密度を測定していると考えられます [210]。ここでは親密度 0，1，2，3，4，5 は，メンバーの 1 人がそれぞれの相手と過ごす時間が 9 %以下，10%～ 19%，20%～ 29%，30%～ 39%，40%～ 49%，50%以上の確率である関係として割り当てました。親密度 0，1，2，3，4，5 の関係の数は，それぞれ，621,326，51,203，24,434，15,204，10,952，53,178 となりました（表 6-6）。

また，主協力者間の社会的距離を推定するために，あるユーザーと他のユーザー（友人）を直接結ぶ経路を距離 1 の関係としました。なお，直接経路を結べるのはあるユーザーが別のユーザーの部屋に入室

表 6-6　協力者の特徴

		主協力者		補助協力者	
		n	手法	*n*	手法
特徴	協力者	129,164	システムログ	3,504	質問紙調査
	協力者のアバターのデータ	18,326,281	システムログ	818,098	システムログ
	協力者の訪問ログ	776,297	システムログ	84,191	システムログ
指標	親密度 a		訪問ログの分析	-	-
	親密度 0	621,326			
	親密度 1	51,203			
	親密度 2	24,434			
	親密度 3	15,204			
	親密度 4	10,952			
	親密度 5	53,178			
	社会的距離[a]		訪問ログの分析	-	-
	距離 1	776,297			
	距離 2	14,775,053			
	距離 3	215,862,102			
	距離 4	1,165,122,059			
	距離 5	1,964,808,094			
	ネットいじめ[b]		機械学習された分類機		質問紙調査
	被害者	27,390		625	
	非被害者	-		2,879	
	加害者	21,274		-	
	非 - 加害 - 被害者	87,823		-	
	ネットいじめの潜在的加害 - 被害関係		機械学習された分類機		訪問ログと質問紙調査
	被害者から加害者	294,555		11,960	
	加害者から被害者	285,128		12,788	
	非被害者から非加害者	481,742		28,243	
	非加害者から非被害者	491,169		31,200	

注：a: 多くの参加者が複数の関係を持っていたため，関係データの総数は参加者の総数を上回っています。 b: ネットいじめの加害者と被害者の両方を兼ねている参加者がいたため，ネットいじめの総数は参加者の総数を上回っています。

している場合（図 6-5）のみで，部屋への入室には所有者の許可が必要ですので，直接パスで結ばれたユーザー同士に友人関係が成立していると見なせます。また，他のユーザーを介して間接的に他のユーザー（友人）とつながっているパスを距離２の関係としました。同様にして，距離３，４，５の関係も特定しました [211]。社会的距離１，２，３，４，５の関係の数は，それぞれ 776,297，14,775,053，215,862,102，1,165,122,059，1,964,808,094 でした（表 6-6）。

さらに，補助協力者に対して質問紙調査を行い，この１カ月間で，ピグパーティ上でいじめに遭遇したかどうかを聞きました [212]。アンケートでは,「過去１カ月の間に，ピグパーティで以下のようないじめを受けたことがありますか？」と質問しました。ここでは，言葉による攻撃（項目番号 5)，仲間外れ（項目番号 6)，デマの拡散（項目番号 8)，脅迫・強制（項目番号 10)，人種（項目番号 11）とセクシュアリティ（項目番号 12）に関するハラスメントの６つの質問が含まれています。これらの質問は，（１）過去１カ月間に起こったことはない，から（５）週に数回ある，の５段階のリッカート尺度で採点しました。すべての質問に対する回答が１の場合は，ネットいじめの非被害者（n=2,879)，それ以外の場合はネットいじめの被害者（n=625）としました（表 6-6)。

補助協力者は１カ月間に 40,203 人のオーナーの部屋を訪問していました。被害者を招待したオーナーは被害者から加害者への潜在的関係を持ち，被害者以外を招待したオーナーは非被害者から非加害者への潜在的関係を持っていると推定されます（図 6-2)。これらの訪問記録から，被害者から加害者への潜在的関係（n=11,960）と非被害者から非加害者への潜在的関係（n=28,243）の両方を確認しました。同様に，補助協力者の参加者も 43,988 人の訪問者を自分の部屋に招待していました。被害者の部屋に入った訪問者は，加害者の可能性があり，非被害者の部屋に入った訪問者は，非加害者の可能性があります(図6-2)。これらの訪問記録から，加害者から被害者への潜在的関係（n=12,788）と，非被害者から非加害者への潜在的関係（n=31,200）を特定しました。

これらのネットワークデータを基に加害－被害関係を特定し得るように機械に学習させました。なお，非被害者から非加害者への潜在的関係（n=28,243）は，被害者から加害者への潜在的関係（n=11,960）よりも多かったため，後者をSMOTE[213]によってオーバーサンプリングしました。なお，SMOTEとはSynthetic Minority Over-sampling Techniqueの略で，カテゴリー内で欠損しているデータに対して同じカテゴリー内のデータの近傍にあるデータを増やしていく方法です[213]。例えば，xy座標の2次元平面で，（1, 0），（1, 1），（0, 1），（0, 0）という正方形の4つの頂点を考えてみましょう。このとき，（0.5, 0.5）や（0.7, 0.3）というのは4点のいずれにも該当しませんが，この4点の近くにいる（近傍）ということは言えますね。このように近くにある点を増やしていく方法がSMOTEです。なお，実際のデータは上記のような2次元ではなく，262次元なので，図示するのは難しいのですが，やっていることは同じことです。これによって学習データの不均衡が均され，分類機が学習しやすくなります。学習データが不均衡の場合だと正答率の指標が異様に高くなってしまいますので（式3-2)，こういった前処理は重要です。最終的に，本研究では，56,486件の関係が得られ，各カテゴリーには28,243件が割り当てられました。同様に，非加害者から非被害者への潜在的関係（n=31,200）は，加害者から被害者への潜在的関係（n=12,788）よりも多かったため，後者はSMOTEを使ってオーバーサンプリングしました[213]。最終的に62,400件の関係が得られ，各カテゴリーには31,200件が割り当てられています。

被害者から加害者への潜在的な関係を推定するために，２次元の畳み込みニューラルネットワーク[214]，双方向長短期記憶層[215]，自己注意機構[8]を用いて，ニューラルネットワークモデルを構築しました。ニューラルネットワークは音声の情動評定と同じです（図 6-3）。また，潜在的関係のデータの中で，80%をトレーニングデータ，20%をテストデータとして使用しました。50 エポックで学習した結果，被害者から加害者への潜在的関係を推定する分類機は，85.32% の正答率を達成しました。同様に，加害者から被害者への潜在的関係を推定する分類機は，88.47% の正答率を達成しました。この分類機を用いて，主協力者の関係を分類したところ，被害者から加害者への潜在的関係が 294,555 件，加害者から被害者への潜在的関係が 285,128 件，非被害者から非加害者への潜在的関係が 481,742 件，非加害者から非被害者への潜在的関係が 491,169 件となりました（表 6-6）。

この潜在的関係データに基づいて，ネットいじめの加害者，被害者，非加害者，非被害者をそれぞれ推定しました。なお，推定方法は先に示した通りです（図 6-4）。

これで準備は整いましたので，ネットいじめの被害者，加害者，非被害者・非加害者がそれぞれどういったネットワーク特徴を持っているのか図示します（図 6-7［カラー口絵③］）。各点はユーザーを示しており，点と点を繋げた矢印はあるユーザーから別のユーザーの部屋を訪問したことを示しています。図から分かるように加害者同士はお互いに疎なことが分かります。一方，被害者や非被害者・非加害者は互いに関わりあいやすく，密なことが分かります。

次にネットいじめの社会的伝染[216][217]についても把握することが出来ます。ネットいじめとは，グループの上位者が下位者に対して繰り返し攻撃を与えてもよい，という規範に基づいて行われます[218][219][220]。そのため，ある上位者がある下位者に対して攻撃を行っていた場合，攻撃を行っている者も，攻撃を受けている者も，そして攻撃を見ている者も，上位者は下位者に対して攻撃を行ってよいという誤った規範を学習してしまいます[220][221][222][223][224][225][191]。

こういった先行研究と合致する結果が得られています。例えば，友人の中にいじめ加害者が沢山いるほど，当人もいじめ加害者になりやすいことが示されています（図 6-8A の丸い点）。また，友人の友人（社会的距離２）や友人の友人の友人（社会的距離３）でも同様にいじ

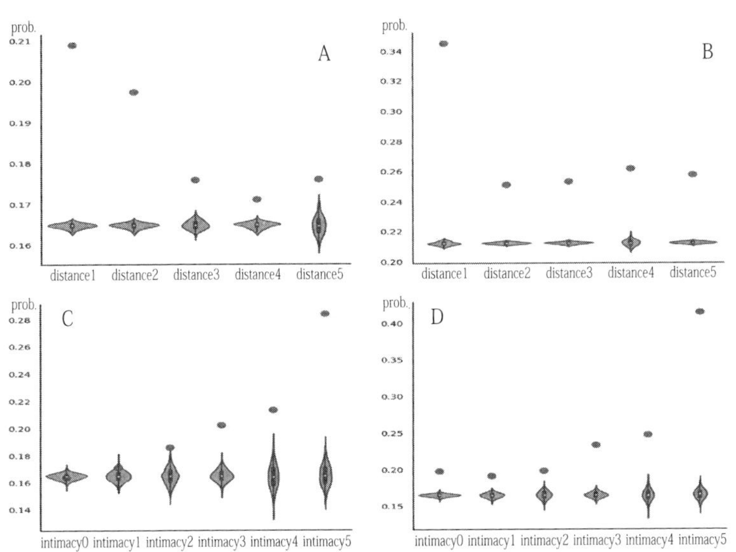

図 6-8　加害者と被害者のネットワークを介した
ネットいじめ加害者の社会的伝染

注：A. 友人ネットワークにおけるいじめ加害者の割合が当人がいじめ加害者になる際に与える影響，B. 友人ネットワークにおけるいじめ被害者の割合が当人がいじめ加害者になる際に与える影響，C. 親密ネットワークにおけるいじめ加害者の割合が当人がいじめ加害者になる際に与える影響，D. 親密ネットワークにおけるいじめ被害者の割合が当人がいじめ加害者になる際に与える影響。丸い点は観測された確率，蝶番形はシミュレーション結果の基礎となる分布のカーネル密度推定値です。A と B のシミュレーション結果は 200 回のシミュレーションから得られたものです。C と D のシミュレーション結果は 1,000 回のシミュレーションで得られたものです。distance は社会的距離，intimacy は親密度，Prob. はベイズ確率をそれぞれ意味しています。

め加害者の割合が多いほど，当人もいじめ加害者になりやすいことを示しています。また，友人が親密であればあるほど（頻繁に接触するほど），当人がいじめ加害者になりやすいことも示されています（図6-8C の丸い点）。同様に，友人にいじめ被害者が多いほど，また，その友人が親密であればあるほど，当人はいじめ加害者になりやすいことも確認出来ます（図 6-8B, D の丸い点）。

当人がネットいじめの被害者になる場合についても上と同様のこと

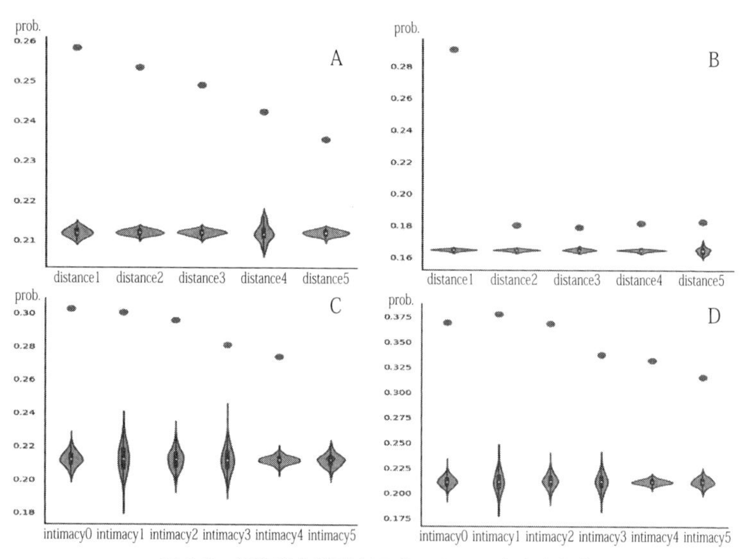

図 6-9　加害者と被害者のネットワークを介したネットいじめ被害者の社会的伝染

注：A. 友人ネットワークにおけるいじめ被害者の割合が当人がいじめ被害者になる際に与える影響，B. 友人ネットワークにおけるいじめ加害者の割合が当人がいじめ被害者になる際に与える影響，C. 親密ネットワークにおけるいじめ被害者の割合が当人がいじめ被害者になる際に与える影響，D. 親密ネットワークにおけるいじめ加害者の割合が当人がいじめ被害者になる際に与える影響。赤い点は観測された確率，青い形はシミュレーション結果の基礎となる分布のカーネル密度推定値です。AとBのシミュレーション結果は 200 回のシミュレーションから得られたものです。C と D のシミュレーション結果は 1,000 回のシミュレーションで得られたものです。distance は社会的距離，intimacy は親密度，Prob. はベイズ確率をそれぞれ意味しています。

が確認できるのですが（図 6-9A, B の丸い点）, 社会的伝染では説明のつかない現象も親密なネットワークで確認されました。例えば，ネットいじめ加害者と親密であればあるほど，当人はいじめ被害者になり難いことが分かります（図 6-9D の丸い点）。また，ネットいじめ被害者と親密であればあるほど，当人はいじめ被害者になり難いことが分かります（図 6-9C の丸い点）。これらは規範が伝染するという社会的伝染では説明がつかないのですが [220][222][223][224][225][191]，いじめ加害者による被害者の合理的選択から説明可能です [185][221]。つまり，いじめ加害者は次に被害者になる確率が高く [191][224]，かつ，いじめ被害者は次に加害者になる確率が高い [222] ですので，いじめ加害者は自分が被害に遭わないために，自分と親密な者は意図的に攻撃せずに疎遠な者を攻撃することで，自分と親密な者の連携によるいじめ加害集団を作っている可能性があります。その一方で，いじめ被害者同士が互いに連携しあって自分たちに歯向かってこられると困りますので，被害者同士が疎遠な者を次のターゲットにしている可能性が考えられます。

6章5節　臨床への応用

本研究の結果，ネットいじめへの介入は通常のいじめへの介入と同様の手続きを取ればよいことが示唆されました [226]。つまり，ネットいじめへの介入は被害者や加害者といった個人ではなく，集団全体に働きかける必要があると言えます。というのも規範の社会的伝染は個人ではなく集団で起きていると考えられるからです。次に，いじめに対する心理教育を行う際，当人がいじめを傍観しているだけでも，当人がいじめの被害者や加害者になるリスクが高いことが説明し得ます。なぜなら，被害者や加害者と直接・間接的に会っているだけでもいじめの被害者や加害者になるリスクが高いことが示されているからです（図 6-8，図 6-9）。最後に，攻撃行動の社会的伝染は起こりやすいですが，除去しにくいですので[194][227][228][229]，介入を行う際は定期的にいじめを許容しない社会規範を伝え続けていく必要があると言えます[226]。

実際，多くの有効性が示されている介入プログラムは，学校全体での介入を1-2年間続けていることが多いです。例えば，オーストラリアのCyber Friendly School Programでは，全校レベルで6時間の教室内の指導を2年間行うことが徹底されていますし，事前準備として教師のための事前指導も行われています[230]。また，スペインのCybereducaでは全校レベルで毎週1時間のプログラムを1年間行うことが示されています[231]。同様にオーストリアのViSCでも1年間プログラムを実施しますし[232]，コロンビアのMedia Herosでも45分の授業を15回行っています[233]。ビデオゲームのみでネットいじめの予防効果が出たという報告もベルギーでありますが[234]，このプログラムは学校全体を巻き込んだ介入の一部として行われているため，やはり学校全体への介入があったと推定し得るでしょう。これらの諸外国のプログラムに共通していることは，ネットいじめという問題に対して，学校が一丸となって定期的にプログラムを実施し続けているという点です。

ネットいじめの介入が長期化しやすいのは，攻撃行動を治療効果指標にしているためとも考えられます。というのも，攻撃行動は他者が行っているだけで安易に学習が行われやすいのですが，一旦学習が行われると，その後の消去（攻撃可能な状態になっても攻撃しないこと）が起こり難いことが示されています[194][227][228][229]。そのため，攻撃行動の学習を消去するためには，学習が行われた期間よりも多くの期間を費やす必要があると言えます。そのために多くの労力が必要となってきます[226]。

ネットいじめの介入は，このように多大な労力と期間を要するのですが，ネットいじめの介入によって，従来のいじめに対しても効果が確認されている点は長所と言えます[233]。これは従来のいじめとネットいじめが互いに関連しやすく[191]，共に「上位者が下位者を意図的に繰り返し攻撃してもよい」という誤った規範に則っていることを考えると当然の事とも言えます[194]。

これらの結果は，ネットいじめの介入を行うことによって，従来のいじめへの介入も同時に行うことが可能であり，ネットいじめと従来のいじめの両方の加害・被害率を減らすことが出来る，と言えるでしょう[194]。もちろん，そのためには年単位及び学校単位での長期的かつ広範囲な労力が必要になってきますが[195]，青少年の人権侵害状態を改善し，彼・彼女らの精神保健の悪化を予防するという観点からすれば[193]，それだけの価値は十分にあると言えるでしょう。

第７章

精神保健サービスの デジタルトランスフォーメーション

７章０節　要　　約

本章では，精神保健サービスにある従来からの課題を二つ指摘しています。１．最新技術から 15 ～ 20 年以上遅れた技術しか現場では提供されていない。２．潜在的顧客の 1/4 しか実際に来談しないため，3/4 の顧客を取りこぼしている。これらの課題を解決する手法として，携帯電話を用いたオンライン上の精神保健サービスが考えられることを指摘しました。携帯電話のアプリを用いることによって，技術の鮮度が保たれやすく，かつ，来談を躊躇しがちな 3/4 の顧客に対しても精神保健サービスが提供し得ることを指摘しました。こういった新たな精神保健サービスを提供し続けることによって，従来の課題が解決し得ることを示唆しました。

７章１節　精神保健サービスの先行研究

精神保健サービスは古くからクライエントに提供されてきましたが，最新の治療技術と現在の治療サービスとの間には常に 15 年以上の遅れが発生してしまうという課題があります[235]。つまり，現場で提供されているサービスは，最新の治療技術ではなく，15 年から 20 年以上前の治療技術に基づいていることが指摘されています[235]。言い換えれば，クライエントは現在の最新の治療技術を期待しても受けられず，15 年から 20 年前の治療サービスしか受けられない，というのが実情です。

例えば，イギリスには緊急危機対応チームがあり，クライエントの自殺のリスクが高い場合などに，緊急でクライエントの自宅に向かうサービスがあるのですが，その対応チームの多くは，政府が作成した 2001 年の治療ガイドラインを 2018 年の時点でもほとんど守っていないことが指摘されています [236]。このガイドラインは，自殺の危機対応として基本的なもので，24 時間対応（39％のみ）や簡単に紹介できる医療機関の確保（49%）などですが，これらを守っているチームは半分にも達しません。この研究は，2001 年ですでに確認されている治療技術やそれに基づいた推奨というのが, 15 年後でも未だ守られていないという実態をよく表しています。

精神保健サービスが実態よりも遅れてしまう理由は数多く挙げられていますが，サービス提供者側の要因（技術不足，古いモデルへの拘り，協働・連携の欠如）と技術作成者側の要因（現場の実態に即さないエビデンス）が典型的でしょう [237]。例えば，対面ではなく，遠隔で面接を行うビデオシステムを医療機関に提供した例では，治療者がビデオの使い方が分からない，クライエントにその需要がほとんどない, クライエントの家にウェブカメラがない, などが指摘されており, 普及が難しかった例が報告されています [238]。

また，治療者が大学時代に学習した古いモデルに固執しているために，最新のモデルに対して，その対応が否定的になるということも報告されています [239]。例えば，症状が完全に消失してからでないと，就労経験の許可を出さない，という古いモデルに治療者が固執している場合，クライエントの就労許可はなかなか得られません [239]。その際に外部の専門家から症状が多少あったとしても就労経験を促すために，就労経験が必要だと提案されたとしても，その提案自体に否定的に対応してしまうため，クライエントへの社会資源の繋がりが少なくなり，その結果，クライエントの社会復帰は遅れてしまいます[239]。

また，クライエントが複数の課題を抱えており，そのために複数の領域から専門的支援を受ける必要がある場合，専門機関同士でそもそも協働・連携が出来ていないために，必要なデータが共有できず，そのための治療サービスも提供出来ないということも報告されています[240]。

また，技術を作成する側にも課題があり，治療機関の実態に即していないという点も指摘されています[241]。無作為化統制実験を行う際は，期限を設定して行うため，どうしてもプログラムの実施期間が3カ月や1年に限定されがちです。一方，精神保健サービスを適用する専門機関には，数年以上通っているクライエントが多く在籍しています。こういった機関では，最新のプログラムの実施期間が終わった後に，クライエントに提供するプログラムが従来のプログラムに戻ってしまうという課題があります。というのも同じプログラムを提供しても，内容が同じですので飽きられてしまう可能性があるからです。

そのため，治療技術を作成する側は，プログラムを実施し（create），検証（trial）するだけでなく，持続可能（sustainable）であることも示していく必要があります[242]。実際，多くの研究は検証のみで終わっており，そのプログラムが持続可能であるかどうかまで検討していません。こういった観点では，治療技術の作成者側にも課題があると言えます。

これらの研究は，精神保健の最新技術と精神保健サービスには15年以上の隔たりがあり，その要因はサービス提供者側及び技術作成者側の両方にあると考えられます。こういった両者の要因によって，ほとんどの専門機関では15年以上遅れた精神保健サービスしか提供出来ていない，ということを示しています。

７章２節　精神保健サービスを提供する従来の手法とその課題

また，精神保健サービスの顧客は，従来も今までも来談者がその大半を占めます。来談者とは，自発的に相談機関に来た人のことを示します。この来談者に対して，対人援助職，例えば，公認心理師や臨床心理士やソーシャルワーカーなどが心理療法を提供してきた経緯があります。実際，臨床心理学では，クライエントのことを来談者と言ったりもします。この来談者に対する治療法は日進月歩で改善されており，気分障害（うつ病など）[243][244]，不安障害（パニック障害など）[245] そして物質関連障害（アルコール依存症など）[143] などに対してそれぞれ治療効果の高い手法が確立されつつあります。つまり，来談者に対する治療法は臨床心理学の最も得意とする領域であり，治療効果も高くなっていると言えます。

ただ，自発的に来談する人は，精神疾患を経験した人の約 1/4 程度であることが知られています。日本全国の居住者を無作為抽出した調査研究では，気分障害，不安障害，そして物質関連障害の生涯有病率が 22.7% であると推定されています [246]。また，この中で実際に相談機関に相談した人は 24.3％しかいなかったと推定されています [246]。なお，図 7-1 では，精神疾患を経験した人で，かつ相談したことのある人を全体の人数で割って，直感的なイメージがしやすいように示しています。この図からも分かる通り，今まで臨床心理学が対象としていた方々は，全体の 1/4 程度であり，3/4 程度は来談しなかったために治療対象になっていなかったということが分かります。このように精神疾患を経験していても実際に来談しない人がいることは世界中の調査で確認されています [247]。これはクライエントの相談コスト，例

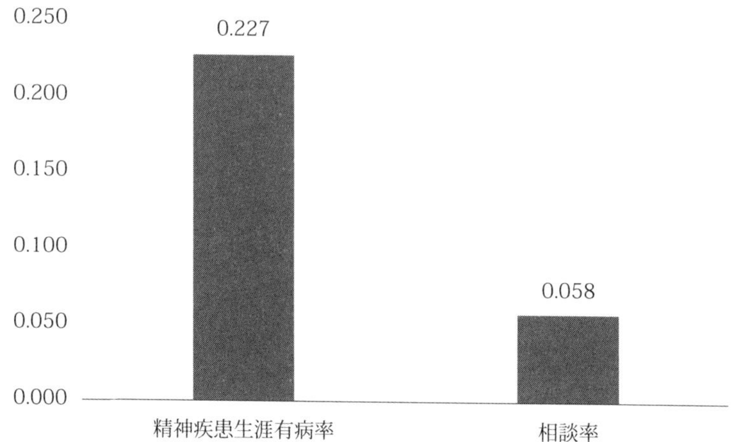

図 7-1　精神疾患の生涯有病率と相談率

注 1：この調査での精神疾患は気分障害，不安障害，物質関連障害のみを示しており，統合失調症などは含まれていません。
注 2：この調査での相談先は，専門機関以外に，宗教団体への相談も含まれています。
注 3：また，相談率は上記の精神疾患にかかっており，かつ，相談を行った人を全体の人数で割った値です。

えば相談のための予約や移動以外にも，相談に対する社会的偏見[248]など，を考えると当然の結果と言えます。

この来談しなかった人は，軽症の精神疾患だったのかというとそんなことはなく，むしろ，重症であったり，治療が困難であったりします[249]。というのも，そもそも来談する気がないですから，自主的に話してくれる内容も少なくなりがちですし，次回に来てくれるかどうかも分からないです。自発的に来談しない人に対してインフォームドコンセントを取った上での研究は極めて難しいですので，こういった方々に対する知見自体が少ないのですが[249]，来談しない方への対応の難しさは臨床をされた方なら共通して持っていると思います[250]。つまり，現在の精神保健サービスですと，約 3/4 の潜在的な顧客に対して全く対応できていないことになりますので，この点は大きな課題

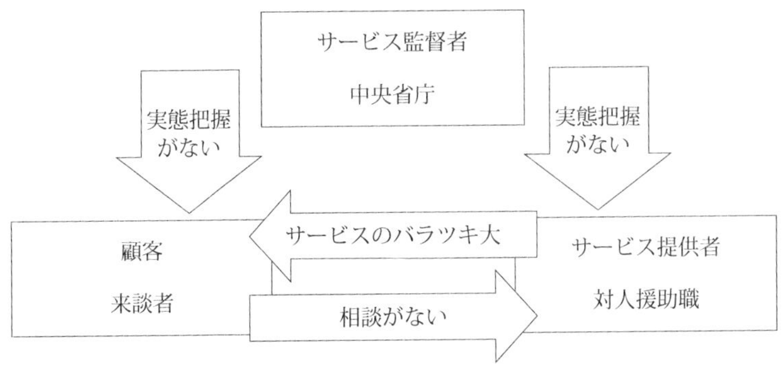

図 7-2　従来の精神保健サービスの構造と課題

と言えます（図 7-2）。

また，その来談した人に対して，どの治療者も有益な治療を提供しているか，というと決してそうではなく，治療者間に大きなバラつきがあります（図 7-2）。というのも，内科医を対象にした大規模調査では，大学から卒業した年数が古くなればなるほど，知識も古くなり，その結果，治療成績も悪化するということが報告されているからです [251]。カウンセラーを対象にした研究でも，教育年数と臨床年数の両方によって，精神疾患の評価は正確になるという報告はありますが [252]，臨床年数だけで治療技術が向上するという報告はほとんどありません。むしろ，臨床年数を重ねるほど，自分の知っている，しかし，妥当性のない手法を最善の手法と思いこみやすいことが報告されています [253]。

また，別の内科医を対象にした研究では，専門家は自分と面識のある専門家が新しい治療法を実施している場合に，自分も新しい治療法を導入しようとすることが分かっています [254]。つまり，裏を返せば，古い治療法や妥当性のない治療法だけを使い続ける専門家に囲まれている専門家は，新しい治療法を導入せずに，古い治療法を使い続けるということになります[254]。これらの現象は，学習コストと治療リスクの点から考えると分かりやすいです。臨床家の学習にはさまざまなコスト（学習にかかる時間や経費）がかかり，新しい治療には治療リスク（習熟していないために失敗する可能性が高い）も高くなります。こういったコストやリスクを回避して，慣れ親しんだ方法でやる方が，専門家のコストやリスクが低く，パフォーマンスを評価されない専門家にとっては，魅力的であることが分かります。

さて，こういった治療が必要であるにも関わらず，治療が受けられていない方，もしくは，有益な治療を提供できていない一部の専門家については，中央省庁が監督・指導していく必要がありますが，残念ながら日本ではいずれの実態もほとんど把握されていません（図 7-2）。例えば，文部科学省による学校内のいじめ調査では，教員を対象にいじめを認知したかどうかを調査しています[255]。これは教員が子どものいじめ行動を全て把握しているという前提での調査になっていますが，教員は子どものいじめ行動を過少評価しがちで，子ども，その親，教員の順に評価の妥当性が下がっていくことが報告されていますので[198][199]，この前提自体が誤っています。また，県別のデータでもばらつきが極めて大きく[255]，このデータ自体にほとんど信頼性・妥当性がないことが推定出来ます。心理学では，約 20 年前から匿名を条件に生徒から直接いじめの被害・加害を聞き取ることが最も信頼性・妥当性が高いと考えられていますが[196]，そういった妥当な方法が取られていないため，文部科学省はいじめの実態を全く把握できていない，と言えます。また，こういった諸課題に対してスクールカウンセラーや教員がどのような対策を行い，どのような効果を得たか，ということも把握できていません。そもそも実態が把握出来ていないのですから，治療効果（実態の差を測定する）も当然把握出来ていません。

これは中央省庁に臨床心理学の専門家（博士）がほとんどいないた

めに，精神保健サービスに関する業務のほとんどを丸投げせざるを得ない，という人材不足に起因します。例えば，心理学の博士が上記の調査に加わっていれば，実施しても有意義なデータは出ないことが自明なので，実施する前に中断しているでしょう。また，博士が一人でも加わっていれば，心理学で妥当性の高い手法を用いて [196]，各学校のいじめの実態を把握し，その実態に基づいて指導や監督が出来るでしょう。このような専門家（博士）不足の状態は日本の多くの中央省庁に見られることで，外国では専門家と官僚との協働があることもありますが [256]，日本ではそういった協働は少ないでしょう。これらの知見から分かる通り，日本の中央省庁には専門家（博士）の絶対数が足りておらず，協働し得る専門家集団もいないために，精神保健サービスの実態把握や監督がほとんど出来ていない，ということになります。

現行制度を維持しながら，これらの課題を解決して，治療サービスのバラツキを改善していくのは極めて至難の業と言えるでしょう。というのも，例えば，いじめの予防に関するサービスを統一しようとしても [226]，学習コストや治療リスクを理由に多くの専門家は導入しようとしないでしょう。もちろん，強い権限を持った市長がこういった状況を打破していく例はありますが [257]，それは市長個人の能力に依存する可能性が高く，全国に普及するというのは考えにくいでしょう。

７章３節　精神保健サービスを提供する新たな手法（デジタルトランスフォーメーション）

こういった課題を解決する手法として，デジタルトランスフォーメーションがあります。デジタルトランスフォーメーションとは，デジタル技術を用いて，サービスの提供内容，役割，過程，そして体制を変えていくことを意味します。精神保健サービスの文脈では，携帯電

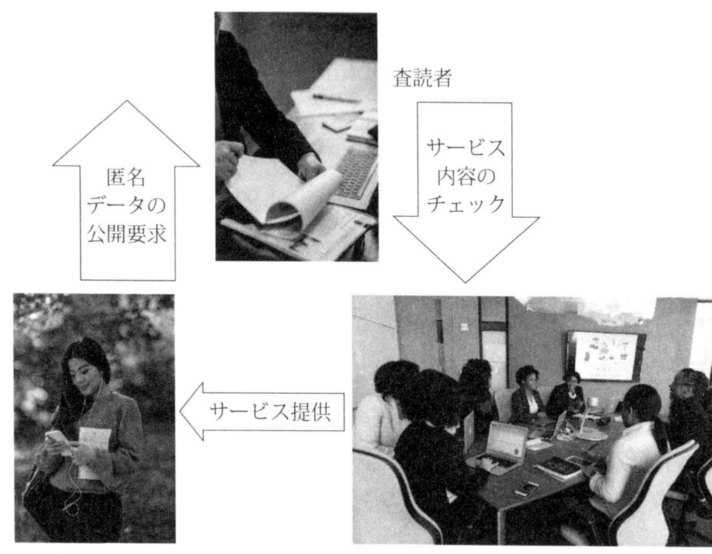

図 7-3　精神保健サービスを提供する新たな手法
（デジタルトランスフォーメーション）

話の利用者を顧客として捉えていく方法が考えられます。2015 年のデータですが，携帯電話の世界での普及率は 94.4%[258] なので，日本だと一人につき携帯電話を 1 台持っていると考えられます。つまり，日本全国の人に携帯電話を介してアクセスが可能だと言えます（図 7-3）。

この携帯電話を介して，精神保健サービスを提供するアプリは数多く発表されており，効果も報告されつつありますので[259][260][261]，アプリを通じた精神保健サービスは可能と言えるでしょう（図 7-3）。

また，こういったアプリのサービス結果を論文化し，国際的な査読審査を受けることによって，倫理的配慮やサービスの透明性を確保し得るでしょう。なぜなら，これらの査読では倫理審査を前提にしているので[262]，倫理的に問題のあるサービスは基本的に査読をパスしません。また，データ分析が正しいかどうかを検討し，第三者が再検証できるように，匿名データの公開を要求することもあります[263]。この査読プロセスをサービス監督者と捉えることで，サービス内容の透明性を第三者の視点で確保していくことが可能になります（図 7-3)。

７章４節　新たな手法によって得られる予想される成果

こういった手法によって，予想される成果は三つあります。まず，潜在的顧客の相談コストが大幅に下がることです。例えば，相談機関に通う場合，時間を予約し，それに合わせて通勤通学などを調整し，交通費用や治療費用を払わなければなりません。また，相談機関に通っていることで偏見や差別を受けるリスクもあります[248]。これらの否定的な側面がアプリを介した場合全くなくなります（図 7-4)。アプリを介したサービスは，24 時間匿名で利用が可能なので，相談コストはほとんどなくなると考えてよいでしょう[261]。

次に治療の更新コストが低下する，ということです。新たな治療を生み出すためには，旧来の手法と比較した上での無作為化統制実験を行う必要がありましたが[264]，この手法はさまざまな機関や専門家から協力を得なければならず，一回の実験に膨大な時間・手間と強力な運が必要です。例えば，薬物依存症者に対する無作為化統制実験を行った私の研究では，無作為に割り当てを許可する施設長，割り振った後に治療を定期的に行う治療者，そして，治療終了後に治療効果を追跡する協力者が必要であり，約 50 名の方々に対する実験準備だけで３年ほどかかりました[177]。これらの３者は年度によって揃わなくなる可能性もあったため，そういった意味では運の要素も多分にあります。一方，アプリの開発企業であれば，ユーザーを無作為化割り付けすること，そのユーザーに治療を行うこと，そして，ユーザーを追跡

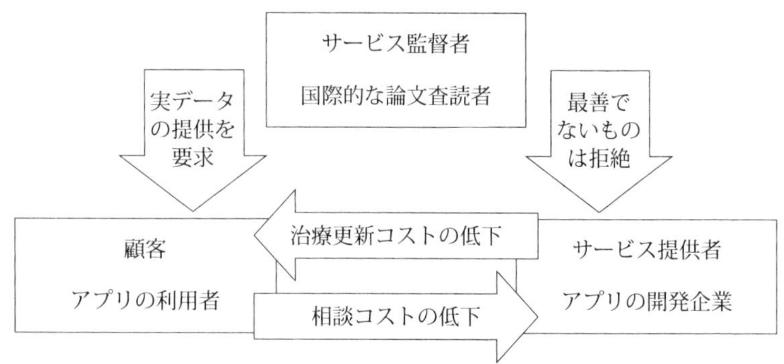

図 7-4　精神保健サービスを提供する新たな手法

することが一つの企業内で一貫して行うことが出来ます。つまり，運などといった外部要因が入るスキはありません。また，ユーザーを大量に確保している場合，1,000 名程度のユーザーを抽出することは極めて容易でしょう。つまり，アプリの開発企業が無作為化統制実験を行った場合，専門の相談機関では考えられないスピードで進むことが予想されます。治療期間や追跡期間を除けば，1-2 カ月の準備で十分に対応可能と考えられますので，文字通り桁違いの速度で治療実験が進むことになります。

また，一旦出来上がった治療法は完全にコピーすることが可能なため，アプリのユーザーに対して同一の治療法を同一の品質で提供することが可能になります。治療提供者が人間の場合，治療者の学習コスト [251] や治療者同士のネットワーク [254] の影響を考慮しなければならず，治療の更新には少なくとも十年単位の遅れが発生していました [235]。こういった治療更新に関するコストが全くなくなるため，最新の治療が最速で提供可能になります（図 7-4）。

さらにこういった治療内容を論文化して，国際的な学術雑誌に投稿することで，治療内容が妥当であることも示し得ます。旧来の手法と全く同じものは論文になりませんので，その時点で掲載拒否されますし，新しい手法でも望ましい結果が得られてなければ，やはり掲載拒否されます[262]。つまり，最新で，かつ，望ましい治療効果を得られた手法しか掲載されません。言い換えれば，ある治療法がある年の学術雑誌に掲載されているということは，その時点での最善の治療が担保されていることを意味します。ある企業の治療法が定期的に学術雑誌に掲載されているということは，その企業の治療法が定期的に最善な状態に更新されていることを意味しており，サービス内容の確認には最適といえます（図 7-4）。もちろん，十分な査読が行われていないにも関わらず，査読を行っているように見せかける悪質な学術雑誌も多数存在しますので[265][266]，投稿・掲載先の学術雑誌は慎重に選ぶ必要があります。

７章５節　臨床への応用

こういったアプリを使用した精神保健サービスの提供によって，今までサービス提供出来ていなかった方々へのサービスが開始できるようになると考えられます。こういった方々が治療を受けることによって精神症状を改善したのであれば，それは今まで治療できなかった方々[246]を治療した，ということになり，その社会的意義はとても大きいと考えられます。

また，アプリのサービスを利用することによって，現実の相談機関に通うようになることは十分にあり得ますので，今まで見過ごされてきた方々の支援が対人援助職の方々によっても間接的に可能になると考えられています。もちろん，専門家に相談した後にアプリの方が便利と考え，アプリの方に移る人もいるでしょう。つまり，アプリによるサービスによって，顧客の治療選択肢が増え，顧客はそれぞれが適切な治療選択肢を独自に選んでいくことが可能になります（図 7-5）。

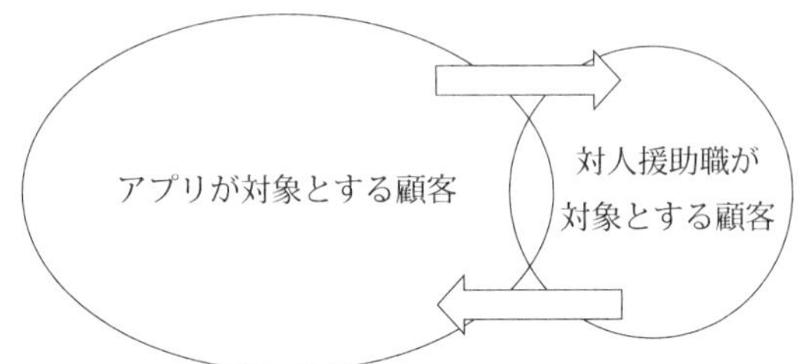

図 7-5　アプリと対人援助職が対象とする精神保健サービスの顧客とその相互交流

アプリによる精神保健サービスの提供によって，精神保健サービスの提供は，対人援助職に限られたものではなくなることは確実でしょう（図 7-5）。しかし，それは対人援助職が不要になるということではありません。というのも，人間の方が優れた領域は未だ残されており（図 5-6），顧客の中には人間による相談を好む方も一定数存在すると考えられるからです。

そのため，アプリによる精神保健サービスの提供によって，今後はアプリと対人援助職のサービスが共存していくことになるでしょう。現在は，対人援助職による治療アプローチがアプリの新たな治療法の開発に大きな影響を与えています [267]。しかし，今後は，アプリによるアプローチが，対人援助職の新たな治療アプローチの開発に影響を与えることも考えられるでしょう。

アプリによる精神保健サービスの提供は技術革新といえます。そういった技術革新に対して，専門職が感じる嫌悪感は世界共通で見られるものです。しかし，その嫌悪感によって得られる生産的な行動はほとんどないでしょう。これはラッダイト運動（織物の手工業者が力織機を破壊した運動）の結果，この手工業者がどのような結末になったかということを考えれば十分推測可能です。一方，アプリのサービス提供を技術革新として受け入れ，それを実際に活かしていくとした場合，生産的な行動が得られやすいです。これは技術革新を上手く取り入れた企業がどのような結末になったかを考えると推測可能です[268]。読者の多くがアプリという新しい技術に圧倒されて，嫌悪を感じるのではなく，その内容を把握し，上手く臨床や実践の場に活かしてくれることを切に望みます。

コラム2

技術が社会実装されるまでのタイムラグ

技術が社会実装されるまでにタイムラグが発生することは数多くの研究で示されています[235]。私見ですが，社会実装は多段階多フレーム（枠組み）の課題なので，タイムラグが発生しやすいと考えています。なお，ここでのフレーム（枠組み）とは，問題解決のために必要な少数の要素のことを示し，専門的な意味ではありません。言い換えれば，技術を社会に普及させるまでにはいくつもの段階があり，その段階毎に必要な問題解決の枠組みが異なる，ということです。そのため，その段階毎で問題解決者も変わりやすく，時間もかかりやすいと考えています。

映画の例でいうと，1826 年ころには，ライムライトといった輝度の高い光源が使用可能になったことで，スライド式の映写機（写真を壁などに投映する機械）で静止画を明るく映せるようになったとされています。それから約 70 年後の 1894 年ころには，リュミエール兄弟が連続写真をくるくる回すことで動画を映写し得るシネマトグラフが開発されました。その 14 年後の 1908 年にエジソンが映画会社を設立し，現在までの映画の発展に至っています。この例で分かる通り，映画が作成されるまでに，１．静止画を壁に映す機械と光源の確保（映写機），２．１を用いて動画を映写する機械（シネマトグラフ），３．２を用いて経済的利益を売る（映画会社）と，それぞれ問題解決の枠組みが異なりますし，その解決者が変わっていることも分かります。

同様の例は，最近の音楽再生機でも確認出来ます。例えば，ラジカセ（ラジオ付き音響録音機）は 1960 年代頃に日本の多くの企業で開発されていますが，1979 年に日本のある企業が開発したウォークマン（録音機能の無いテープ再生機）が爆発的なヒットを生みます。その後，2001 年にアメリカのある企業が ipod（MD やカセットテープを必要としない音楽再生機）を開発してから，ipod の方が売れていきます。この例でも１．ラジカセ，２．１から録音機能を排した小型機械（ウォークマン），３．２から記録媒体を排した小型機械（ipod）と，それぞれ問題解決の枠組みが異なりますし，その解決者が変わっていることも分かります。ここで面白いのは，過去の問題解決に有効だった枠組みが新しい問題解決のための枠組みを妨害しているという点です。例えば，録音機能を開発・改善しているラジカセ企業にとって，録音機能を外した製品を作る，というのはこれまでの開発を無視することになり，考えにくいわけです。同様に，記録媒体を開発・改善しているウォークマン企業にとって，それらの媒体を外した製品を作る，というのはこれまでの開発や利益を無視することになりやはり考えにくいのです。

また，解決者は同じでも問題のフレームがコロコロ変わることは，治療機関への遠隔システムの導入でも確認出来ます[238]。１．治療者がビデオの使い方が分からない。２．クライエントにその需要がない。３．需要のあるクライエントの家にはウェブカメラがない。この事例の場合はうまくいかないことを示していますが，これだけ複数のフレームがあった場合，一つずつ解消していく必要があり，時間がかかるのは当然と考えられるでしょう。

このように，技術を社会実装する場合は，複数の段階で複数の問題解決の枠組みが必要となるため，多くの試行錯誤が必要になり，そのための時間も必要になるでしょう。これまでの過去の歴史的経緯を踏まえると，技術を上手く社会で実装するためには，１．失敗を許容する企業風土，２．多様なメンバーによる多様な実験の実施，３．過去の成功や失敗にこだわり過ぎないこと，といったあたりが新しい技術を社会実装するにあたって大事になってくるでしょう。

あとがき

本書の構想は2015年の夏にチューリッヒ大学のOerlikonキャンパス前の自家農園付近を散歩している時に思いつきました。その時から，情報工学を新たに勉強して心理学の論文を書くことにしました。それから6年後に，これまでの論文がこうして書籍の形になったことを感慨深く思います。

この思いつきの背景には，Oerlikonキャンパスの食堂で心理学者と情報工学者との何気ない話し合いの蓄積があるのは間違いありません。当時のキャンパスは3-5階が心理学フロアで1-3階が情報工学フロアで食堂が共同でしたので，昼食時に学際的な話をすることが多く，有意義な話し合いがリラックスして出来ていました。

ただ，この思いつきを基に実験装置を作ったり，解析方法を勉強したり，論文執筆したりする「研究昇華能力」を筆者が持てていたとすれば，それは恩師の長谷川啓三先生が約10年間筆者に対して個別の配慮・指導をし続けてくれたお陰です。なお，本書のタイトル「精神の情報工学」は，長谷川先生が学部生の私に読むことを薦めて下さった『精神の生態学』[69]に由来しています。ここに改めて御礼を申し上げます。

長谷川先生のご指導に対して，恩返しらしいことはほとんど出来ていないのですが，読者の方々がこの本を読んだことをきっかけにして，新たなサービスや研究を思い付いていただければ，長谷川先生の私にかけた時間と配慮が間接的に報われる形となり，少しは恩返しになるかなと思っています。この本はその一助になると思い，書きました。

あとがき

最後まで読んで下さり，ありがとうございました。

2021年3月末　徳島大学常三島キャンパスにて

横谷謙次

引用文献

[1] K. Yokotani, G. Takagi, and K. Wakashima, "Nonverbal Synchrony of Facial Movements and Expressions Predict Therapeutic Alliance During a Structured Psychotherapeutic Interview." *Journal of Nonverbal Behavior*, Oct. 2019, doi: 10. 1007/s10919-019-00319-w.

[2] K. Yokotani, G. Takagi, and K. Wakashima, "Prediction of Social Maladaptation using Emotional Entrainment of Disgust during Comprehensive Psychiatric Interviews." in 2020 Asia-Pacific Signal and Information Processing Association Annual Summit and Conference (APSIPA ASC), Dec. 2020, pp.1001-1007.

[3] K. Yokotani, "A Change Talk Model for Abstinence Based on Web-Based Anonymous Gambler Chat Meeting Data by Using an Automatic Change Talk Classifier: Development Study." *Journal of Medical Internet Research*, vol.23, no.6, p.e24088, Jun. 2021, Accessed: Nov. 25, 2020. [Online]. Available: https://preprints. jmir. org/preprint/24088

[4] K. Yokotani, G. Takagi, and K. Wakashima, "Advantages of virtual agents over clinical psychologists during comprehensive mental health interviews using a mixed methods design." *Computers in Human Behavior*, vol.85, 135-145, Aug. 2018, doi: 10. 1016/j. chb. 2018. 03. 045.

[5] K. Yokotani and M. Takano, "Social Contagion of Cyberbullying via Online Perpetrator and Victim Networks." *Computers in Human Behavior*, 106719, Jan. 2021, doi: 10. 1016/j. chb. 2021. 106719.

[6] 横谷謙次，山本哲也，高橋英之，阿部修士，髙村真広，" 精神の情報工学―情報技術の臨床応用，ロボットライフレビュー，セラピーの自然言語処理そして，恋愛感情の脳機能画像法―．" 日本心理学会大会発表論文集，vol.84, 2020, doi: 10. 4992/pacjpa. 83. 0_SS-070.

[7] K. Pearson, "Principal components analysis." *The London, Edinburgh, and Dublin Philosophical Magazine and Journal of Science*, vol.6, no.2, 559, 1901.

[8] M. Chen, X. He, J. Yang, and H. Zhang, "3-D Convolutional recurrent neural networks with attention model for speech emotion recognition." *IEEE Signal Processing Letters*, vol.25, no.10, 1440-1444, Oct. 2018, doi: 10. 1109/LSP.2018. 2860246.

[9] A. Fossati, E. S. Barratt, S. Borroni, D. Villa, F. Grazioli, and C. Maffei, "Impulsivity, aggressiveness, and DSM-IV personality disorders." *Psychiatry Research*, vol.149, no.1, 157-167, Jan. 2007, doi: 10. 1016/j. psychres. 2006. 03. 011.

[10] I. T. Jolliffe and J. Cadima, "Principal component analysis: a review and recent developments." *Philosophical Transactions of the Royal Society A: Mathematical, Physical and Engineering Sciences*, vol.374, no.2065, 20150202, Apr. 2016, doi: 10. 1098/rsta. 2015. 0202.

[11] D. E. Rumelhart and C. Yves, *Backpropagation: Theory, Architectures, and Applications*. Psychology Press, 1995.

[12] M. Minsky and S. A. Papert, *Perceptrons: An Introduction to Computational Geometry*.

MIT Press, 2017.

[13] C. Bishop, *Pattern recognition and machine learning*. Springer, 2006.

[14] G. Hinton, S. Osindero, M. Welling, and Y. W. Teh, "Unsupervised Discovery of Nonlinear Structure Using Contrastive Backpropagation." *Cognitive Science*, vol.30, no.4, 725-731, 2006, doi: 10. 1207/s15516709cog0000_76.

[15] D. H. Hubel and T. N. Wiesel, "Receptive fields, binocular interaction and functional architecture in the cat's visual cortex." *The Journal of Physiology*, vol.160, no.1, 106-154, 1962, doi: 10. 1113/jphysiol. 1962. sp006837.

[16] P. Ekman, "Darwin, deception, and facial expression." *Annals of the New York Academy of Sciences*, vol.1000, no.1, 205-221, 2003, Accessed: Nov. 15, 2016.

[17] F. Ramseyer and W. Tschacher, "Nonverbal synchrony in psychotherapy: Coordinated body movement reflects relationship quality and outcome." *Journal of Consulting and Clinical Psychology*, vol.79, no.3, 284-295, 2011, doi: 10. 1037/a0023419.

[18] R. Feldman, "Parent-Infant Synchrony: Biological Foundations and Developmental Outcomes." *Current Directions in Psychological Science*, vol.16, no.6, 340-345, Dec. 2007, doi: 10. 1111/j. 1467-8721. 2007. 00532. x.

[19] P. Seungwon, mindslab-ai/voicefilter. MINDs Lab, 2019. Accessed: Dec. 20, 2019.

[20] K. Yokotani, "How young adults address their parents reflects their perception of parenting." *Asian Journal of Social Psychology*, vol.15, no.4, 284-289, Dec. 2012, doi: 10. 1111/j. 1467-839X. 2012. 01382. x.

[21] P. C. Amrhein, W. R. Miller, C. E. Yahne, M. Palmer, and L. Fulcher, "Client commitment language during motivational interviewing predicts drug use outcomes." *Journal of consulting and clinical psychology*, vol.71, no.5, p.862, 2003, Accessed: Jun. 24, 2016.

[22] E. J. Halcomb and P.M. Davidson, "Is verbatim transcription of interview data always necessary?." *Applied Nursing Research*, vol.19, no.1, 38-42, Feb. 2006, doi: 10. 1016/j. apnr. 2005. 06. 001.

[23] C. A. King and C. R. Merchant, "Social and Interpersonal Factors Relating to Adolescent Suicidality: a Review of the Literature." *Archives of Suicide Research*, vol.12, no.3, 181-196, Jun. 2008, doi: 10. 1080/13811110802101203.

[24] M. J. Pfeffer and P.A. Parra, "Strong Ties, Weak Ties, and Human Capital: Latino Immigrant Employment Outside the Enclave." *Rural Sociology*, vol.74, no.2, 241-269, 2009, doi: 10. 1111/j. 1549-0831. 2009. tb00391. x.

[25] T. J. Barnes and M. W. Wilson, "Big Data, social physics, and spatial analysis: The early years." *Big Data & Society*, vol.1, no.1, p.2053951714535365, Apr. 2014, doi: 10. 1177/2053951714535365.

[26] W. R. Crozier and L. E. Alden, *The Essential Handbook of Social Anxiety for Clinicians*. John Wiley & Sons, 2005.

[27] M. Slater, D. P. Pertaub, C. Barker, and D. M. Clark, "An Experimental Study on Fear of Public Speaking Using a Virtual Environment." *CyberPsychology & Behavior*, vol.9, no.5, 627-633, Oct. 2006, doi: 10. 1089/cpb. 2006. 9. 627.

[28] M. B. Powers and P.M. G. Emmelkamp, "Virtual reality exposure therapy for anxiety disorders: a meta-analysis." *Journal of Anxiety Disorders*, vol.22, no.3, 561-569, Apr. 2008, doi: 10. 1016/j. janxdis. 2007. 04. 006.

[29] R. A. I. Cardo, O. A. David, and D. O. David, "Virtual Reality Exposure Therapy in Flight Anxiety." *Computers in Human Behavior*, vol.72, no.C, 371-380, Jul. 2017, doi: 10. 1016/j. chb. 2017. 03. 007.

[30] B. O. Rothbaum, L. Hodges, S. Smith, J. H. Lee, and L. Price, "A controlled study of virtual reality exposure therapy for the fear of flying." *Journal of Consulting and Clinical Psychology*, 1020-1026, 2000.

[31] S. Lee, R. D. Rogge, and H. T. Reis, "Assessing the Seeds of Relationship Decay: Using Implicit Evaluations to Detect the Early Stages of Disillusionment." *Psychological Science*, vol.21, no.6, 857-864, Jun. 2010, doi: 10. 1177/0956797610371342.

[32] M. B. First, R. L. Spitzer, M. Gibbon, and J. B. Williams, *User's guide for the Structured clinical interview for DSM-IV axis I disorders SCID-I: clinician version*. American Psychiatric Pub, 1997.

[33] J. Lobbestael, M. Leurgans, and A. Arntz, "Inter-rater reliability of the Structured Clinical Interview for DSM-IV Axis I Disorders (SCID I) and Axis II Disorders (SCID II)." *Clinical Psychology & Psychotherapy*, vol.18, no.1, 75-79, 2011, doi: https://doi. org/10. 1002/cpp.693.

[34] K. A. Kobak et al., "A computer-administered telephone interview to identify mental disorders." *Journal of the American Medical Association*, vol.278, no.11, 905-910, Sep.1997, doi: 10. 1001/jama. 1997. 03550110043034.

[35] P.Kissinger et al., "Application of computer-assisted interviews to sexual behavior research." *American Journal of Epidemiology*, vol.149, no.10, 950-954, May 1999, doi: 10. 1093/oxfordjournals. aje. a009739.

[36] G. E. Macalino, D. D. Celentano, C. Latkin, S. A. Strathdee, and D. Vlahov, "Risk behaviors by audio computer-assisted self-interviews among HIV-seropositive and HIV-seronegative injection drug users." *AIDS Education and Prevention*, vol.14, no.5, 367-378, Oct. 2002, doi: 10. 1521/aeap.14. 6. 367. 24075.

[37] G. M. Lucas, J. Gratch, A. King, and L. P. Morency, "It's only a computer: Virtual humans increase willingness to disclose." *Computers in Human Behavior*, vol.37, 94-100, Aug. 2014, doi: 10. 1016/j. chb. 2014. 04. 043.

[38] N. Lapidot-Lefler and A. Barak, "Effects of anonymity, invisibility, and lack of eye-contact on toxic online disinhibition." *Computers in Human Behavior*, vol.28, no.2, 434-443, Mar. 2012, doi: 10. 1016/j. chb. 2011. 10. 014.

[39] T. Yarkoni, "Psychoinformatics: New horizons at the interface of the psychological and computing sciences." *Current Directions in Psychological Science*, vol.21, no.6, 391-397, Dec. 2012, doi: 10. 1177/0963721412457362.

[40] C. Montag, É. Duke, and A. Markowetz, "Toward Psychoinformatics: Computer Science Meets Psychology." *Computational and Mathematical Methods in Medicine*, 2016. https://www. hindawi. com/journals/cmmm/2016/2983685/abs/ (accessed Jul. 15, 2018).

[41] E. Hougaard, "The therapeutic alliance: A conceptual analysis." *Scandinavian Journal of Psychology*, vol.35, no.1, 67-85, 1994, doi: https://doi. org/10. 1111/j. 1467-9450. 1994. tb00934. x.

[42] R. Ulberg, B. Hummelen, A. G. Hersoug, N. Midgley, P. A. Høglend, and H. S. J.

Dahl, "The first experimental study of transference work-in teenagers (FEST-IT): a multicentre, observer- and patient-blind, randomised controlled component study." *BMC Psychiatry*, vol.21, no.1, p.106, Feb. 2021, doi: 10. 1186/s12888-021-03055-y.

[43] R. Elliott, A. C. Bohart, J. C. Watson, and D. Murphy, "Therapist empathy and client outcome: an updated meta-analysis." *Psychotherapy*, vol.55, no.4, Art. no.4, Dec. 2018, Accessed: Mar. 16, 2021.

[44] A. Brabban, R. Byrne, E. Longden, and A. P.Morrison, "The importance of human relationships, ethics and recovery-orientated values in the delivery of CBT for people with psychosis." *Psychosis*, vol.9, no.2, 157-166, Apr. 2017, doi: 10. 1080/17522439. 2016. 1259648.

[45] E. Lee, A. K. T. Tsang, M. Bogo, G. Wilson, M. Johnstone, and J. Herschman, "Joining revisited in family therapy: discourse analysis of cross-cultural encounters between a therapist and an immigrant family." *Journal of Family Therapy*, vol.40, no.2, 148-179, 2018, doi: https://doi. org/10. 1111/1467-6427. 12148.

[46] I. Bretherton, "The Origins of Attachment Theory: John Bowlby and Mary Ainsworth." *Developmental Psychology*, vol.28, no.5, 759-75, 1992.

[47] A. Elliot and H. Reis, "Attachment and Exploration in Adulthood." *Journal of Personality and Social Psychology*, vol.85, no.2, 317-331, Aug. 2003, Accessed: Mar. 16, 2021.

[48] M. Lambert and D. Barley, "Research summary on therapeutic relationship and psychotherapy outcome." *Psychotherapy: Theory, Research, Practice, Training*, vol.38, no.4, 357-361, Winter 2001, doi: 10. 1037/0033-3204. 38. 4. 357.

[49] S. J. Ackerman and M. J. Hilsenroth, "A review of therapist characteristics and techniques positively impacting the therapeutic alliance." *Clinical Psychology Review*, vol.23, no.1, 1-33, Feb. 2003, doi: 10. 1016/S0272-7358（02）00146-0.

[50] A. C. Del Re, C. Flückiger, A. O. Horvath, D. Symonds, and B. E. Wampold, "Therapist effects in the therapeutic alliance-outcome relationship: a restricted-maximum likelihood meta-analysis." *Clinical Psychology Review*, vol.32, no.7, 642-649, Nov. 2012, doi: 10. 1016/j. cpr. 2012. 07. 002.

[51] M. S. Karver, J. B. Handelsman, S. Fields, and L. Bickman, "Meta-analysis of therapeutic relationship variables in youth and family therapy: The evidence for different relationship variables in the child and adolescent treatment outcome literature." *Clinical Psychology Review*, vol.26, no.1, 50-65, Jan. 2006, doi: 10. 1016/j. cpr. 2005. 09. 001.

[52] R. Elvins and J. Green, "The conceptualization and measurement of therapeutic alliance: An empirical review." *Clinical Psychology Review*, vol.28, no.7, 1167-1187, Oct. 2008, doi: 10. 1016/j. cpr. 2008. 04. 002.

[53] A. Horvath and B. Symonds, "Relation Between Working Alliance and Outcome in Psychotherapy: a Meta-Analysis." *Journal of Counseling Psychology*, vol.38, no.2, 139-149, Apr. 1991, doi: 10. 1037/0022-0167. 38. 2. 139.

[54] S. R. Shirk and M. Karver, "Prediction of treatment outcome from relationship variables in child and adolescent therapy: a meta-analytic review." *Journal of Consulting and Clinical Psychology*, vol.71, no.3, 452-464, 2003, doi: 10. 1037/0022-006X. 71. 3. 452.

[55] M. A. Busseri and J. D. Tyler, "Interchangeability of the Working Alliance Inventory

and Working Alliance Inventory, Short Form." *Psychological Assessment*, vol.15, no.2, 193-197, 2003, doi: 10. 1037/1040-3590. 15. 2. 193.

[56] S. R. Smith, M. J. Hilsenroth, M. R. Baity, and E. S. Knowles, "Assessment of Patient and Therapist Perspectives of Process: a Revision of the Vanderbilt Psychotherapy Process Scale." *American journal of psychotherapy*, vol.57, no.2, 195-205, Apr. 2003, doi: 10. 1176/appi. psychotherapy. 2003. 57. 2. 195.

[57] T. Tracey and A. Kokotovic, "Factor Structure of the Working Alliance Inventory." *Psychological Assessment*, vol.1, no.3, 207-210, Sep.1989, Accessed: Mar. 16, 2021.

[58] A. Bachelor and R. Salamé, "Participants' Perceptions of Dimensions of the Therapeutic Alliance Over the Course of Therapy." *Journal of Psychotherapy Practice and Research*, vol.9, no.1, 39-53, 2000, Accessed: Mar. 16, 2021.

[59] K. Shelef and G. M. Diamond, "Short form of the revised vanderbilt therapeutic alliance scale: Development, reliability, and validity." *Psychotherapy Research*, vol.18, no.4, 433-443, Jul. 2008, doi: 10. 1080/10503300701810801.

[60] F. Falkenström, F. Granström, and R. Holmqvist, "Therapeutic alliance predicts symptomatic improvement session by session." *Journal of Counseling Psychology*, vol.60, no.3, 317-328, 2013, doi: 10. 1037/a0032258.

[61] G. R. Semin and J. T. Cacioppo, "Grounding social cognition: Synchronization, coordination, and co-regulation." in *Embodied grounding: Social, cognitive, affective, and neuroscientific approaches*, New York, NY, US: Cambridge University Press, 2008, 119-147. doi: 10. 1017/CBO9780511805837. 006.

[62] I. M. Vicaria and L. Dickens, "Meta-analyses of the intra- and interpersonal outcomes of interpersonal coordination." *Journal of Nonverbal Behavior*, vol.40, no.4, 335-361, Dec. 2016, doi: 10. 1007/s10919-016-0238-8.

[63] J. L. Lakin and T. L. Chartrand, "Using nonconscious behavioral mimicry to create affiliation and rapport." *Psychological Science*, vol.14, no.4, 334-339, Jul. 2003, doi: 10. 1111/1467-9280. 14481.

[64] T. L. Chartrand and J. A. Bargh, "The chameleon effect: The perception-behavior link and social interaction." *Journal of Personality and Social Psychology*, vol.76, no.6, 893-910, 1999, doi: 10. 1037/0022-3514. 76. 6. 893.

[65] J. Paulick et al., "Nonverbal synchrony: a new approach to better understand psychotherapeutic processes and drop-out." *Journal of Psychotherapy Integration*, p.No Pagination Specified-No Pagination Specified, 2017, doi: 10. 1037/int0000099.

[66] J. Künecke, O. Wilhelm, and W. Sommer, "Emotion recognition in nonverbal face-to-face Communication." *Journal of Nonverbal Behavior*, vol.41, no.3, 221-238, Sep.2017, doi: 10. 1007/s10919-017-0255-2.

[67] P. Ekman, "Facial expression and emotion." *American Psychologist*, vol.48, no.4, 384-392, 1993, doi: 10. 1037/0003-066X. 48. 4. 384.

[68] P. Watzlawick, J. B. Bavelas, D. D. Jackson, 山本和郎監訳, 尾川丈一訳, 人間コミュニケーションの語用論：相互作用パターン, 病理とパラドックスの研究, 第２版. 二瓶社, 2007. Accessed: Mar. 25, 2021.

[69] G. Bateson, 佐藤良明訳, 精神の生態学, 改訂第２版. 新思索社, 2000.

[70] H. Nittono, "The two-layer model of 'kawaii': a behavioural science framework for

understanding kawaii and cuteness." *East Asian Journal of Popular Culture*, vol.2, no.1, 79-96, Apr. 2016, Accessed: Jan. 18, 2021.

[71] G. Bodenmann, S. Pihet, and K. Kayser, "The Relationship Between Dyadic Coping and Marital Quality: a 2-Year Longitudinal Study." *Journal of Family Psychology*, vol.20, no.3, 485-493, Sep.2006, Accessed: Oct. 19, 2020.

[72] 高橋三郎，北村俊則，岡野禎治，精神科診断面接マニュアル　SCID：使用の手引き・テスト用紙，第２版．日本評論社，2010.

[73] T. Kakii, "Characteristics of multimedia counseling: a study of an interactive TV system." *The Japanese journal of psychology*, vol.68, no.1, 9-16, 1997, doi: 10. 4992/jjpsy. 68. 9.

[74] J. A. C. Sterne et al., "Multiple imputation for missing data in epidemiological and clinical research: potential and pitfalls." *BMJ*, vol.338, p.b2393, Jun. 2009, doi: 10. 1136/bmj. b2393.

[75] W. Tschacher, G. M. Rees, and F. Ramseyer, "Nonverbal synchrony and affect in dyadic interactions." *Frontiers in Psychology*, vol.5, 2014, doi: 10. 3389/fpsyg. 2014. 01323.

[76] M. Riehle, J. Kempkensteffen, and T. M. Lincoln, "Quantifying facial expression synchrony in face-to-face dyadic interactions: Temporal dynamics of simultaneously recorded facial EMG signals." *Journal of Nonverbal Behavior*, vol.41, no.2, 85-102, Jun. 2017, doi: 10. 1007/s10919-016-0246-8.

[77] F. Goldstein and D. Glueck, "Developing Rapport and Therapeutic Alliance During Telemental Health Sessions with Children and Adolescents." *Journal of Child and Adolescent Psychopharmacology*, vol.26, no.3, 204-211, Oct. 2015, doi: 10. 1089/cap.2015. 0022.

[78] D. Farabee, S. Calhoun, and R. Veliz, "An Experimental Comparison of Telepsychiatry and Conventional Psychiatry for Parolees." *Psychiatric Services*, vol.67, no.5, 562-565, Jan. 2016, doi: 10. 1176/appi. ps. 201500025.

[79] J. R. Weisz, S. Kuppens, D. Eckshtain, A. M. Ugueto, K. M. Hawley, and A. Jensen-Doss, "Performance of Evidence-Based Youth Psychotherapies Compared With Usual Clinical Care: a Multilevel Meta-analysis." *JAMA Psychiatry*, vol.70, no.7, 750-761, Jul. 2013, doi: 10. 1001/jamapsychiatry. 2013. 1176.

[80] P. Nyman-Salonen, A. Tourunen, V. L. Kykyri, M. Penttonen, J. Kaartinen, and J. Seikkula, "Studying Nonverbal Synchrony in Couple TherapyObserving Implicit Posture and Movement Synchrony." *Contemporary Family Therapy*, vol.43, no.1, 69-87, Mar. 2021, doi: 10. 1007/s10591-020-09555-5.

[81] B. R. Karney and T. N. Bradbury, "The longitudinal course of marital quality and stability: a review of theory, methods, and research." *Psychological Bulletin*, vol.118, no.1, 3-34, 1995, doi: 10. 1037/0033-2909. 118. 1. 3.

[82] R. E. Heyman, "Observation of Couple Conflicts: Clinical Assessment Applications, Stubborn Truths, and Shaky Foundations." *Psychological Assessment*, vol.13, no.1, 5-35, Mar. 2001, doi: 10. 1037//1040-3590. 13. 1. 5.

[83] T. F. Robles, R. B. Slatcher, J. M. Trombello, and M. M. McGinn, "Marital quality and health: a meta-analytic review." *Psychological Bulletin*, vol.140, no.1, Jan. 2014, doi: 10. 1037/a0031859.

[84] J. B. Jackson, R. B. Miller, M. Oka, and R. G. Henry, "Gender Differences in Marital Satisfaction: a Meta-analysis." *Journal of Marriage and Family*, vol.76, no.1, 105-129, 2014, doi: https://doi. org/10. 1111/jomf. 12077.

[85] M. Cerniauskaite et al., "Systematic literature review on ICF from 2001 to 2009: its use, implementation and operationalisation." *Disability and Rehabilitation*, vol.33, no.4, 281-309, Jan. 2011, doi: 10. 3109/09638288. 2010. 529235.

[86] T. Shakespeare, L. I. Iezzoni, and N. E. Groce, "Disability and the training of health professionals." *The Lancet*, vol.374, no.9704, 1815-1816, Nov. 2009, doi: 10. 1016/S0140-6736（09）62050-X.

[87] P. S. Jensen et al., "Evolution and Revolution in Child Psychiatry: ADHD as a Disorder of Adaptation." *Journal of the American Academy of Child & Adolescent Psychiatry*, vol.36, no.12, 1672-1681, Dec. 1997, doi: 10. 1097/00004583-199712000-00015.

[88] N. E. Groce, *Everyone Here Spoke Sign Language: Hereditary Deafness on Martha's Vineyard*. Harvard University Press, 1985.

[89] O. Garin et al., "Validation of the 'World Health Organization Disability Assessment Schedule, WHODAS-2' in patients with chronic diseases." *Health Qual Life Outcomes*, vol.8, no.1, p.51, May 2010, doi: 10. 1186/1477-7525-8-51.

[90] E. Axelsson, E. Lindsater, B. Ljótsson, E. Andersson, and E. Hedman-Lagerlöf, "The 12-item Self-Report World Health Organization Disability Assessment Schedule (WHODAS)　2. 0 Administered Via the Internet to Individuals With Anxiety and Stress Disorders: a Psychometric Investigation Based on Data From Two Clinical Trials." *JMIR Mental Health*, vol.4, no.4, p.e7497, Dec. 2017, doi: 10. 2196/mental. 7497.

[91] American Psychiatric Association, *Diagnostic and Statistical Manual of Mental Disorders (DSM-5R)*. American Psychiatric Pub, 2013.

[92] H. H. Goldman, A. E. Skodol, and T. R. Lave, "Revising Axis V for DSM-IV: a Review of Measures of Social Functioning." *Social Science Research Network*, Rochester, NY, SSRN Scholarly Paper ID 2143992, Sep.1992. Accessed: Sep.12, 2018.

[93] P. L. Morosini, L. Magliano, L. Brambilla, S. Ugolini, and R. Pioli, "Development, reliability and acceptability of a new version of the DSM-IV Social and Occupational Functioning Assessment Scale (SOFAS) to assess routine social funtioning." *Acta Psychiatrica Scandinavica*, vol.101, no.4, 323-329, 2000, doi: https://doi. org/10. 1034/j. 1600-0447. 2000. 101004323. x.

[94] T. B. Üstün et al., "Developing the World Health Organization disability assessment schedule 2. 0." *Bulletin of the World Health Organization*, vol.88, 815-823, Nov. 2010, doi: 10. 1590/S0042-96862010001100010.

[95] S. Gspandl, R. P.Peirson, R. W. Nahhas, T. G. Skale, and D. S. Lehrer, "Comparing Global Assessment of Functioning (GAF) and World Health Organization Disability Assessment Schedule (WHODAS) 2.0 in schizophrenia." *Psychiatry Research*, vol.259, 251-253, Jan. 2018, doi: 10. 1016/j. psychres. 2017. 10. 033.

[96] C. J. Wynn, S. A. Borrie, and T. P.Sellers, "Speech rate entrainment in children and adults with and without autism spectrum disorder." *American journal of speech-language pathology*, vol.27, no.3, 965-974, 2018.

[97] D. Bone et al., "Acoustic-prosodic, turn-taking, and language cues in child-psychologist

interactions for varying social demand." *Interspeech*, 2013, 2400-2404.

[98] C. F. Lima, S. L. Castro, and S. K. Scott, "When voices get emotional: a corpus of nonverbal vocalizations for research on emotion processing." *Behavior Research Methods*, vol.45, no.4, 1234-1245, Dec. 2013, doi: 10. 3758/s13428-013-0324-3.

[99] S. S. Stevens, J. Volkmann, and E. B. Newman, "A Scale for the Measurement of the Psychological Magnitude Pitch." *The Journal of the Acoustical Society of America*, vol.8, no.3, 185-190, Jan. 1937, doi: 10. 1121/1. 1915893.

[100] 中川聖一編，音声言語処理と自然言語処理，増補版．コロナ社，2018.

[101] S. R. Livingstone and F. A. Russo, "The Ryerson Audio-Visual Database of Emotional Speech and Song (RAVDESS)." *Zenodo*, Apr. 05, 2018. doi: 10. 5281/zenodo. 1188976.

[102] "Surrey Audio-Visual Expressed Emotion (SAVEE) Database." http://kahlan. eps. surrey. ac. uk/savee/Download. html (accessed Feb. 20, 2020).

[103] Q. Wang et al., "VoiceFilter: Targeted Voice Separation by Speaker-Conditioned Spectrogram Masking." *arXiv e-prints*, vol.1810, p.arXiv:1810. 04826, Oct. 2018, Accessed: Dec. 19, 2019.

[104] V. Panayotov, G. Chen, D. Povey, and S. Khudanpur, "Librispeech: an ASR corpus based on public domain audio books." in 2015 IEEE International Conference on Acoustics, Speech and Signal Processing (ICASSP), 2015, pp.5206-5210.

[105] Y. Den et al., "Two-level Annotation of Utterance-units in Japanese Dialogs: An Empirically Emerged Scheme." 2010.

[106] H. Koiso and Y. Den, "How is the Smooth Transition between Speakers Realized?." *Cognitive studies: bulletin of Jpn. Cognitive Science Society*, vol.7, no.1, 93-106, 2000.

[107] ikuo0, "Detection of voice valid intervals and mora." Qiita, Mar. 19, 2019. https://qiita. com/ikuo0/items/0d5798db824f3df074af (accessed Jul. 31, 2020).

[108] C. Liu, C. Ishi, and H. Ishiguro, "Turn-Taking Estimation Model Based on Joint Embedding of Lexical and Prosodic Contents." in *Interspeech* 2017, Aug. 2017, 1686-1690. doi: 10. 21437/Interspeech. 2017-965.

[109] K. Hara, K. Inoue, K. Takanashi, and T. Kawahara, "Prediction of Turn-taking Using Multitask Learning with Prediction of Backchannels and Fillers." in *Interspeech* 2018, Sep.2018, 991-995. doi: 10. 21437/Interspeech. 2018-1442.

[110] M. B. First, R. L. Spitzer, M. Gibbon, and J. B. W. Williams, *Structured Clinical Interview for DSM-IV Axis I Disorders*. Washington, DC: American Psychiatric Publishing, Inc., 1997.

[111] I. Grosse, P. Bernaola-Galván, P. Carpena, R. Román-Roldán, J. Oliver, and H. E. Stanley, "Analysis of symbolic sequences using the Jensen-Shannon divergence." *Physical Review E*, vol.65, no.4, p.041905, Mar. 2002, doi: 10. 1103/PhysRevE. 65. 041905.

[112] B. Fuglede and F. Topsoe, "Jensen-Shannon divergence and Hilbert space embedding." in *International Symposium onInformation Theory*, 2004. ISIT 2004. Proceedings., Jun. 2004, 31-. doi: 10. 1109/ISIT. 2004. 1365067.

[113] J. K. Harter, F. L. Schmidt, and C. L. M. Keyes, "Well-being in the workplace and its relationship to business outcomes: a review of the Gallup studies." in *Flourishing: Positive psychology and the life well-lived*, Washington, DC, US: American Psychological

Association, 2003, pp.205-224. doi: 10. 1037/10594-009.
[114] E. Brohan et al., "Systematic review of beliefs, behaviours and influencing factors associated with disclosure of a mental health problem in the workplace." *BMC Psychiatry*, vol.12, no.1, p.11, Feb. 2012, doi: 10. 1186/1471-244X-12-11.
[115] D. Lim, K. Sanderson, and G. Andrews, "Lost productivity among full-time workers with mental disorders." *The Journal of Mental Health Policy and Economics*, vol.3, no.3, 139-146, 2000, doi: https://doi. org/10. 1002/mhp.93.
[116] R. D. Caplan, "Person-environment fit theory and organizations: Commensurate dimensions, time perspectives, and mechanisms." *Journal of Vocational Behavior*, vol.31, no.3, 248-267, Dec. 1987, doi: 10. 1016/0001-8791（87）90042-X.
[117] M. C. Lai, E. Anagnostou, M. Wiznitzer, C. Allison, and S. Baron-Cohen, "Evidence-based support for autistic people across the lifespan: maximising potential, minimising barriers, and optimising the person-environment fit." *The Lancet Neurology*, vol.19, no.5, 434-451, May 2020, doi: 10. 1016/S1474-4422（20）30034-X.
[118] J. Tak, "Relationships between various person-environment fit types and employee withdrawal behavior: a longitudinal study." *Journal of Vocational Behavior*, vol.78, no.2, 315-320, Apr. 2011, doi: 10. 1016/j. jvb. 2010. 11. 006.
[119] A. Sen, "Health: perception versus observation: Self reported morbidity has severe limitations and can be extremely misleading." *BMJ*, vol.324, no.7342, 860-861, Apr. 2002, doi: 10. 1136/bmj. 324. 7342. 860.
[120] J. Swain and S. French, "Towards an Affirmation Model of Disability." *Disability & Society*, vol.15, no.4, 569-582, Jun. 2000, doi: 10. 1080/09687590050058189.
[121] S. Federici, M. Bracalenti, F. Meloni, and J. V. Luciano, "World Health Organization disability assessment schedule 2. 0: An international systematic review." *Disability and Rehabilitation*, vol.39, no.23, 2347-2380, Nov. 2017, doi: 10. 1080/09638288. 2016. 1223177.
[122] L. Floridi et al., "AI4People—An Ethical Framework for a Good AI Society: Opportunities, Risks, Principles, and Recommendations." *Minds & Machines*, vol.28, no.4, 689-707, Dec. 2018, doi: 10. 1007/s11023-018-9482-5.
[123] A. Jobin, M. Ienca, and E. Vayena, "The global landscape of AI ethics guidelines." *Nature Machine Intelligence*, vol.1, no.9, Art. no.9, Sep.2019, doi: 10. 1038/s42256-019-0088-2.
[124] M. Veale and R. Binns, "Fairer machine learning in the real world: Mitigating discrimination without collecting sensitive data." *Big Data & Society*, vol.4, no.2, p.2053951717743530, Dec. 2017, doi: 10. 1177/2053951717743530.
[125] M. A. Gianfrancesco, S. Tamang, J. Yazdany, and G. Schmajuk, "Potential Biases in Machine Learning Algorithms Using Electronic Health Record Data." *JAMA Internal Medicine*, vol.178, no.11, 1544-1547, Nov. 2018, doi: 10. 1001/jamainternmed. 2018. 3763.
[126] J. F. Kelly, "Self-help for substance-use disorders: history, effectiveness, knowledge gaps, and research opportunities." *Clinical Psychology Review*, vol.23, no.5, 639-663, Oct. 2003, doi: 10. 1016/S0272-7358（03）00053-9.
[127] G. E. Bekkering, D. Marien, O. Parylo, and K. Hannes, "The Effectiveness of Self-

Help Groups for Adolescent Substance Misuse: a Systematic Review." *Journal of Child & Adolescent Substance Abuse*, vol.25, no.3, 229-244, May 2016, doi: 10. 1080/1067828X. 2014. 981772.

[128] Project MATCH Research Group, "Project MATCH secondary a priori hypotheses." *Addiction*, vol.92, no.12, 1671-1698, 1997, doi: https://doi. org/10. 1111/j. 1360-0443. 1997. tb02889. x.

[129] Project MATCH Research Group, "Matching Alcoholism Treatments to Client Heterogeneity: Project MATCH Three-Year Drinking Outcomes." *Alcoholism: Clinical and Experimental Research*, vol.22, no.6, 1300-1311, 1998, doi: https://doi. org/10. 1111/j. 1530-0277. 1998. tb03912. x.

[130] W. Kissin, C. McLeod, and J. McKay, "The longitudinal relationship between self-help group attendance and course of recovery." *Evaluation and Program Planning*, vol.26, no.3, 311-323, Aug. 2003, doi: 10. 1016/S0149-7189（03）00035-1.

[131] J. F. Kelly, "Is Alcoholics Anonymous religious, spiritual, neither? Findings from 25 years of mechanisms of behavior change research." *Addiction*, vol.112, no.6, 929-936, 2017, doi: https://doi. org/10. 1111/add. 13590.

[132] J. F. Kelly, R. L. Stout, M. Magill, J. S. Tonigan, and M. E. Pagano, "Mechanisms of behavior change in alcoholics anonymous: does Alcoholics Anonymous lead to better alcohol use outcomes by reducing depression symptoms?." *Addiction*, vol.105, no.4, 626-636, 2010, doi: https://doi. org/10. 1111/j. 1360-0443. 2009. 02820. x.

[133] J. F. Kelly, B. Hoeppner, R. L. Stout, and M. Pagano, "Determining the relative importance of the mechanisms of behavior change within Alcoholics Anonymous: a multiple mediator analysis." *Addiction*, vol.107, no.2, 289-299, 2012, doi: https://doi. org/10. 1111/j. 1360-0443. 2011. 03593. x.

[134] J. F. Kelly, M. Magill, and R. L. Stout, "How do people recover from alcohol dependence? a systematic review of the research on mechanisms of behavior change in Alcoholics Anonymous." *Addiction Research & Theory*, vol.17, no.3, 236-259, Jan. 2009, doi: 10. 1080/16066350902770458.

[135] M. E. Larimer, R. S. Palmer, and G. A. Marlatt, "Relapse Prevention." *Alcohol Research and Health*, vol.23, no.2, 151-160, 1999, Accessed: Mar. 18, 2021.

[136] M. Magill et al., "The Technical Hypothesis of Motivational Interviewing: a Meta-Analysis of MI's Key Causal Model." *Journal of Consulting and Clinical Psychology*, vol.82, no.6, 973-983, Dec. 2014, doi: 10. 1037/a0036833.

[137] J. R. Weisz et al., "Efficient Monitoring of Treatment Response during Youth Psychotherapy: The Behavior and Feelings Survey." *Journal of Clinical Child & Adolescent Psychology*, vol.49, no.6, 737-751, Nov. 2020, doi: 10. 1080/15374416. 2018. 1547973.

[138] E. Karin, B. F. Dear, G. Z. Heller, M. Gandy, and N. Titov, "Measurement of Symptom Change Following Web-Based Psychotherapy: Statistical Characteristics and Analytical Methods for Measuring and Interpreting Change." *JMIR Mental Health*, vol.5, no.3, p.e10200, Jul. 2018, doi: 10. 2196/10200.

[139] R. Sinha and S. S. O'Malley, "Craving for alcohol: findings from the clinic and the laboratory." *Alcohol and Alcoholism*, vol.34, no.2, 223-230, Mar. 1999, doi: 10. 1093/

alcalc/34. 2. 223.

[140] A. M. Vader, S. T. Walters, G. C. Prabhu, J. M. Houck, and C. A. Field, "The language of motivational interviewing and feedback: Counselor language, client language, and client drinking outcomes." *Psychology of Addictive Behaviors*, vol.24, no.2, 190-197, 2010, doi: 10. 1037/a0018749.

[141] L. H. Glynn and T. B. Moyers, "Manual for the Client Language Easy Rating (CLEAR) coding system: Formerly 'Motivational Interviewing Skill Code (MISC) 1. 1,'" *Retrieved November*, vol.13, p.2017, 2012.

[142] W. R. Miller and S. Rollnick, Motivational Interviewing: Helping People Change, 3版. New York, NY: Guilford Pr, 2012.

[143] M. Magill et al., "A meta-analysis of motivational interviewing process: Technical, relational, and conditional process models of change." *Journal of consulting and clinical psychology*, vol.86, no.2, 140-157, 2018, doi: 10. 1037/ccp0000250.

[144] I. Yakovenko, L. Quigley, B. R. Hemmelgarn, D. C. Hodgins, and P.Ronksley, "The efficacy of motivational interviewing for disordered gambling: Systematic review and meta-analysis." *Addictive Behaviors*, vol.43, 72-82, Apr. 2015, doi: 10. 1016/j. addbeh. 2014. 12. 011.

[145] S. J. Channon et al., "A Multicenter Randomized Controlled Trial of Motivational Interviewing in Teenagers with Diabetes." *Diabetes Care*, vol.30, no.6, 1390-1395, Jun. 2007, doi: 10. 2337/dc06-2260.

[146] M. Dennis and C. K. Scott, "Managing Addiction as a Chronic Condition." *Addiction Science & Clinical Practice*, vol.4, no.1, 45-55, Dec. 2007, Accessed: Mar. 18, 2021.

[147] T. Martin, T. B. Moyers, J. M. Houck, P.J. Christopher, and W. R. Miller, "Motivational interviewing sequential code for observing process exchanges (MI-SCOPE) coder's manual." *Retrieved March*, vol.16, p.2009, 2005.

[148] J. M. Houck, T. B. Moyers, W. R. Miller, L. H. Glynn, and K. A. Hallgren, "Motivational interviewing skill code (MISC) 2.5." *Painamaton julkaisu. Haettu*, vol.26, p.2015, 2013.

[149] K. Yokotani, K. Tamura, Y. Kaneko, and E. Kamimura, "Craving for Gambling Predicts Income-Generating Offenses: a Pathways Model of a Japanese Prison Population." *Journal of Gambling Studies*, vol.36, no.2, 459-476, Jun. 2020, doi: 10. 1007/s10899-019-09887-4.

[150] M. A. Hamburg and F. S. Collins, "The Path to Personalized Medicine." *New England Journal of Medicine*, vol.363, no.4, 301-304, Jul. 2010, doi: 10. 1056/NEJMp1006304.

[151] R. C. Hsiung, "The Best of Both Worlds: An Online Self-Help Group Hosted by a Mental Health Professional." *CyberPsychology & Behavior*, vol.3, no.6, 935-950, Dec. 2000, doi: 10. 1089/109493100452200.

[152] 横谷謙次, " 仲間の断賭博と発話による断賭博の拡散. " 情報処理学会　第 83 回全国大会, 大阪, Mar. 2021.

[153] World Health Organization, "ICD-11—Mortality and Morbidity Statistics." Sep.2020. https://icd. who. int/browse11/l-m/en (accessed Mar. 18, 2021).

[154] B. J. Sadock and V. A. Sadock, *Kaplan and Sadock's Synopsis of Psychiatry: Behavioral Sciences/Clinical Psychiatry*. Lippincott Williams & Wilkins, 2011.

[155] M. Maj, W. Gaebel, J. J. López-Ibor and N. Sartorius, *Psychiatric diagnosis and classification*. John Wiley & Sons, 2002.

[156] S. E. Hyman, "The Diagnosis of Mental Disorders: The Problem of Reification." *Annual Review of Clinical Psychology*, vol.6, no.1, 155-179, 2010, doi: 10. 1146/annurev. clinpsy. 3. 022806. 091532.

[157] B. W. J. H. Penninx et al., "Two-year course of depressive and anxiety disorders: Results from the Netherlands Study of Depression and Anxiety (NESDA)." *Journal of Affective Disorders*, vol.133, no.1, 76-85, Sep.2011, doi: 10. 1016/j. jad. 2011. 03. 027.

[158] D. G. Kilpatrick, K. J. Ruggiero, R. Acierno, B. E. Saunders, H. S. Resnick, and C. L. Best, "Violence and risk of PTSD, major depression, substance abuse/dependence, and comorbidity: Results from the National Survey of Adolescents." *Journal of Consulting and Clinical Psychology*, vol.71, no.4, 692-700, 2003, doi: 10. 1037/0022-006X. 71. 4. 692.

[159] T. A. Brown, B. F. Chorpita, and D. H. Barlow, "Structural relationships among dimensions of the DSM-IV anxiety and mood disorders and dimensions of negative affect, positive affect, and autonomic arousal." *Journal of Abnormal Psychology*, vol.107, no.2, 179-192, 1998, doi: 10. 1037/0021-843X. 107. 2. 179.

[160] S. A. Shankman and D. N. Klein, "Dimensional diagnosis of depression: Adding the dimension of course to severity, and comparison to the DSM." *Comprehensive Psychiatry*, vol.43, no.6, 420-426, Nov. 2002, doi: 10. 1053/comp.2002. 35902.

[161] R. F. Krueger and S. Bezdjian, "Enhancing research and treatment of mental disorders with dimensional concepts: toward DSM-V and ICD-11." *World Psychiatry*, vol.8, no.1, 3-6, Feb. 2009, Accessed: Mar. 18, 2021.

[162] S. L. Dubovsky and R. Balon, "We Should Continue to Be Concerned About Conflicts of Interest in Academic Medicine." *Academic Psychiatry*, Jan. 2021, doi: 10. 1007/ s40596-021-01401-6.

[163] P. K. Dalal and T. Sivakumar, "Moving towards ICD-11 and DSM-V: Concept and evolution of psychiatric classification." *Indian J Psychiatry*, vol.51, no.4, 310-319, 2009, doi: 10. 4103/0019-5545. 58302.

[164] E. So, I. Kam, C. M. Leung, D. Chung, Z. Liu, and S. Fong, "The Chinese-bilingual SCID-I/P project: stage 1--reliability for mood disorders and schizophrenia." *Hong Kong Journal of Psychiatry*, vol.13, no.1, 7-19, Mar. 2003, Accessed: Mar. 19, 2021.

[165] J. Ventura, R. P.Liberman, M. F. Green, A. Shaner, and J. Mintz, "Training and quality assurance with the structured clinical interview for DSM-IV (SCID-I/P)." *Psychiatry Research*, vol.79, no.2, 163-173, Jun. 1998, doi: 10. 1016/S0165-1781 (98) 00038-9.

[166] F. L. Osório et al., "Clinical validity and intrarater and test-retest reliability of the Structured Clinical Interview for DSM-5—Clinician Version (SCID-5-CV)." *Psychiatry and Clinical Neurosciences*, vol.73, no.12, 754-760, 2019, doi: https://doi. org/10. 1111/pcn. 12931.

[167] R. L. Spitzer, J. B. W. Williams, M. Gibbon, and M. B. First, "The Structured Clinical Interview for DSM-III-R (SCID): I: History, Rationale, and Description." *Archives of General Psychiatry*, vol.49, no.8, 624-629, Aug. 1992, doi: 10. 1001/archpsyc. 1992.

01820080032005.

[168] A. L. Stuart, J. A. Pasco, F. N. Jacka, S. L. Brennan, M. Berk, and L. J. Williams, "Comparison of self-report and structured clinical interview in the identification of depression." *Comprehensive Psychiatry*, vol.55, no.4, 866-869, May 2014, doi: 10. 1016/j. comppsych. 2013. 12. 019.

[169] M. D. Siever, "Sexual orientation and gender as factors in socioculturally acquired vulnerability to body dissatisfaction and eating disorders." *Journal of Consulting and Clinical Psychology*, vol.62, no.2, 252-260, 1994, doi: 10. 1037/0022-006X. 62. 2. 252.

[170] M. Heilman, A. Wallen, D. Fuchs, and M. Tamkins, "Penalties for Success: Reactions to Women Who Succeed at Male Gender-Typed Tasks." *Journal of Applied Psychology*, vol.89, no.3, 416-427, Jun. 2004, Accessed: Feb. 26, 2021.

[171] S. C. Gomez Soler, L. K. Abadía Alvarado, and G. L. Bernal Nisperuza, "Women in STEM: does college boost their performance?." *Higher Education*, vol.79, no.5, 849-866, May 2020, doi: 10. 1007/s10734-019-00441-0.

[172] L. C. Tidwell and J. B. Walther, "Computer-mediated communication effects on disclosure, impressions, and interpersonal evaluations: Getting to know one another a bit at a time." *Human Communication Research*, vol.28, no.3, 317-348, Jul. 2002, doi: 10. 1111/j. 1468-2958. 2002. tb00811. x.

[173] J. N. Bailenson, N. Yee, D. Merget, and R. Schroeder, "The effect of behavioral realism and form realism of real-time avatar faces on verbal disclosure, nonverbal disclosure, emotion recognition, and copresence in dyadic interaction." *Presence: Teleoperators and Virtual Environments*, vol.15, no.4, 359-372, Aug. 2006, doi: 10. 1162/pres. 15. 4. 359.

[174] A. Lee and T. Kawahara, "Recent development of open-source speech recognition engine Julius." *Proceedings: APSIPA ASC 2009: Asia-Pacific Signal and Information Processing Association, 2009 Annual Summit and Conference*, pp.131-137, Oct. 2009, Accessed: Jun. 11, 2017.

[175] D. V. Sheehan et al., "The validity of the Mini International Neuropsychiatric Interview (MINI) according to the SCID-P and its reliability." *European Psychiatry*, vol.12, no.5, 232-241, 1997, Accessed: Nov. 15, 2016.

[176] T. Otsubo et al., "Reliability and validity of the Japanese version of the Mini-International Neuropsychiatric Interview." *Psychiatry and Clinical Neurosciences*, vol.59, no.5, 517-526, Oct. 2005, doi: 10. 1111/j. 1440-1819. 2005. 01408. x.

[177] K. Yokotani and K. Tamura, "Effects of personalized feedback interventions on drug-related reoffending: a pilot study." *Prevention Science*, vol.16, no.8, 1169-1176, Nov. 2015, doi: 10. 1007/s11121-015-0571-x.

[178] 厚生労働省, "緊急避妊に係る取組について. " 2020. https://www. mhlw. go. jp/stf/seisakunitsuite/bunya/0000186912_00002. html (accessed Feb. 28, 2021).

[179] W. Wei, C. McElroy, and S. Dey, "Towards On-Demand Virtual Physical Therapist: Machine Learning-Based Patient Action Understanding, Assessment and Task Recommendation." *IEEE Transactions on Neural Systems and Rehabilitation Engineering*, vol.27, no.9, 1824-1835, Sep.2019, doi: 10. 1109/TNSRE. 2019. 2934097.

[180] S. van Vuuren and L. R. Cherney, "A Virtual Therapist for Speech and Language Therapy." *Intell Virtual Agents*, vol.8637, 438-448, Jan. 2014, doi: 10. 1007/978-3-319-09767-1_55.

[181] P.Kenny, T. D. Parsons, J. Gratch, A. Leuski, and A. A. Rizzo, "Virtual Patients for Clinical Therapist Skills Training." in *Intelligent Virtual Agents*, Berlin, Heidelberg, 2007, pp.197-210. doi: 10. 1007/978-3-540-74997-4_19.

[182] A. Fiske, P. Henningsen, and A. Buyx, "Your Robot Therapist Will See You Now: Ethical Implications of Embodied Artificial Intelligence in Psychiatry, Psychology, and Psychotherapy." *Journal of Medical Internet Research*, vol.21, no.5, p.e13216, May 2019, doi: 10. 2196/13216.

[183] D. Hartley, "Rural Health Disparities, Population Health, and Rural Culture." *American Journal of Public Health*, vol.94, no.10, 1675-1678, Oct. 2004, doi: 10. 2105/AJPH. 94. 10. 1675.

[184] R. Kowalski, G. Giumetti, A. Schroeder, and M. Lattanner, "Bullying in the digital age: a critical review and meta-analysis of cyberbullying research among youth." *Psychological Bulletin*, vol.140, no.4, 1073-1137, Jul. 2014, doi: 10. 1037/a0035618.

[185] P. C. Rodkin, D. L. Espelage, and L. D. Hanish, "A relational framework for understanding bullying: Developmental antecedents and outcomes." *American Psychologist*, vol.70, no.4, 311-321, 2015, doi: 10. 1037/a0038658.

[186] E. Aboujaoude, M. W. Savage, V. Starcevic, and W. O. Salame, "Cyberbullying: Review of an Old Problem Gone Viral." *Journal of Adolescent Health*, vol.57, no.1, 10-18, Jul. 2015, doi: 10. 1016/j. jadohealth. 2015. 04. 011.

[187] D. Lessne and S. Harmalkar, Student Reports of Bullying and Cyber-Bullying: Results from the 2011 School Crime Supplement to the National Crime Victimization Survey. Web Tables. NCES 2013-329. National Center for Education Statistics, 2013. Accessed: Mar. 23, 2021.

[188] R. S. Tokunaga, "Following you home from school: a critical review and synthesis of research on cyberbullying victimization." *Computers in Human Behavior*, vol.26, no.3, 277-287, May 2010, doi: 10. 1016/j. chb. 2009. 11. 014.

[189] K. R. Williams and N. G. Guerra, "Prevalence and Predictors of Internet Bullying." *Journal of Adolescent Health*, vol.41, no.6, Supplement, S14-S21, Dec. 2007, doi: 10. 1016/j. jadohealth. 2007. 08. 018.

[190] L. K. Watts, J. Wagner, B. Velasquez, and P.I. Behrens, "Cyberbullying in higher education: a literature review." *Computers in Human Behavior*, vol.69, 268-274, Apr. 2017, doi: 10. 1016/j. chb. 2016. 12. 038.

[191] R. Lozano-Blasco, A. Cortés-Pascual, and M. P. Latorre-Martínez, "Being a cybervictim and a cyberbully—The duality of cyberbullying: a meta-analysis." *Computers in Human Behavior*, vol.111, p.106444, Oct. 2020, doi: 10. 1016/j. chb. 2020. 106444.

[192] M. Gámez-Guadix, I. Orue, P. K. Smith, and E. Calvete, "Longitudinal and Reciprocal Relations of Cyberbullying With Depression, Substance Use, and Problematic Internet Use Among Adolescents." *Journal of Adolescent Health*, vol.53, no.4, 446-452, Oct. 2013, doi: 10. 1016/j. jadohealth. 2013. 03. 030.

[193] A. Fletcher, N. Fitzgerald-Yau, R. Jones, E. Allen, R. M. Viner, and C. Bonell, "Brief report: Cyberbullying perpetration and its associations with socio-demographics, aggressive behaviour at school, and mental health outcomes." *Journal of Adolescence*, vol.37, no.8, 1393-1398, Dec. 2014, doi: 10. 1016/j. adolescence. 2014. 10. 005.

[194] C. Shen, Q. Sun, T. Kim, G. Wolff, R. Ratan, and D. Williams, "Viral vitriol: Predictors and contagion of online toxicity in World of Tanks." *Computers in Human Behavior*, vol.108, p.106343, Jul. 2020, doi: 10. 1016/j. chb. 2020. 106343.

[195] H. Gaffney, D. P. Farrington, D. L. Espelage, and M. M. Ttofi, "Are cyberbullying intervention and prevention programs effective? a systematic and meta-analytical review." *Aggression and Violent Behavior*, vol.45, 134-153, Mar. 2019, doi: 10. 1016/j. avb. 2018. 07. 002.

[196] M. E. Solberg and D. Olweus, "Prevalence estimation of school bullying with the Olweus Bully/Victim Questionnaire." *Aggressive Behavior*, vol.29, no.3, 239-268, 2003, doi: https://doi. org/10. 1002/ab. 10047.

[197] T. R. Nansel, M. Overpeck, R. S. Pilla, W. J. Ruan, B. Simons-Morton, and P. Scheidt, "Bullying Behaviors Among US YouthPrevalence and Association With Psychosocial Adjustment." *Journal of the American Medical Association*, vol.285, no.16, 2094-2100, Apr. 2001, doi: 10. 1001/jama. 285. 16. 2094.

[198] M. S. Stockdale, S. Hangaduambo, D. Duys, K. Larson, and P.D. Sarvela, "Rural Elementary Students', Parents', and Teachers' Perceptions of Bullying." *American Journal of Health Behavior*, vol.26, no.4, 266-277, Jul. 2002, doi: 10. 5993/AJHB. 26. 4. 3.

[199] M. K. Demaray, C. K. Malecki, S. M. Secord, and K. M. Lyell, "Agreement among students', teachers', and parents' perceptions of victimization by bullying." *Children and Youth Services Review*, vol.35, no.12, 2091-2100, Dec. 2013, doi: 10. 1016/j. childyouth. 2013. 10. 018.

[200] S. Berne et al., "Cyberbullying assessment instruments: a systematic review." *Aggression and Violent Behavior*, vol.18, no.2, 320-334, Mar. 2013, doi: 10. 1016/j. avb. 2012. 11. 022.

[201] J. Chun, J. Lee, J. Kim, and S. Lee, "An international systematic review of cyberbullying measurements." *Computers in Human Behavior*, vol.113, p.106485, Dec. 2020, doi: 10. 1016/j. chb. 2020. 106485.

[202] P.K. Smith, J. Mahdavi, M. Carvalho, S. Fisher, S. Russell, and N. Tippett, "Cyberbullying: its nature and impact in secondary school pupils." *Journal of Child Psychology and Psychiatry*, vol.49, no.4, 376-385, 2008, doi: https://doi. org/10. 1111/j. 1469-7610. 2007. 01846. x.

[203] Y. J. Choi, B. J. Jeon, and H. W. Kim, "Identification of key cyberbullies: a text mining and social network analysis approach." *Telematics and Informatics*, vol.56, p.101504, Jan. 2021, doi: 10. 1016/j. tele. 2020. 101504.

[204] B. Perozzi, R. Al-Rfou, and S. Skiena, "Deepwalk: Online learning of social representations." in Proceedings of the 20th ACM SIGKDD international conference on Knowledge discovery and data mining, 2014, pp.701-710.

[205] M. Takano and T. Tsunoda, "Self-disclosure of bullying experiences and social

support in avatar communication: analysis of verbal and nonverbal communications." *Proceedings of the International AAAI Conference on Web and Social Media*, vol.13, 473-481, Jul. 2019, Accessed: May 15, 2020.

[206] M. H. Tessier, C. Gingras, N. Robitaille, and P.L. Jackson, "Toward dynamic pain expressions in avatars: Perceived realism and pain level of different action unit orders." *Computers in Human Behavior*, vol.96, 95-109, Jul. 2019, doi: 10. 1016/j. chb. 2019. 02. 001.

[207] T. Treal, P.L. Jackson, and A. Meugnot, "Combining trunk movement and facial expression enhances the perceived intensity and believability of an avatar's pain expression." *Computers in Human Behavior*, vol.112, p.106451, Nov. 2020, doi: 10. 1016/j. chb. 2020. 106451.

[208] A. Felnhofer, J. X. Kafka, H. Hlavacs, L. Beutl, I. Kryspin-Exner, and O. D. Kothgassner, "Meeting others virtually in a day-to-day setting: Investigating social avoidance and prosocial behavior towards avatars and agents." *Computers in Human Behavior*, vol.80, 399-406, Mar. 2018, doi: 10. 1016/j. chb. 2017. 11. 031.

[209] C. L. Lortie and M. J. Guitton, "Social organization in virtual settings depends on proximity to human visual aspect." *Computers in Human Behavior*, vol.27, no.3, 1258-1261, May 2011, doi: 10. 1016/j. chb. 2011. 01. 006.

[210] R. M. Bond et al., "A 61-million-person experiment in social influence and political mobilization." *Nature*, vol.489, no.7415, Art. no.7415, Sep.2012, doi: 10. 1038/nature11421.

[211] N. A. Christakis and J. H. Fowler, "The Collective Dynamics of Smoking in a Large Social Network." *New England Journal of Medicine*, vol.358, no.21, 2249-2258, May 2008, doi: 10. 1056/NEJMsa0706154.

[212] D. Olweus, *Revised Olweus Bully/victim Questionnaire*. Bergen, Norway: University of Bergen, 1996.

[213] N. V. Chawla, K. W. Bowyer, L. O. Hall, and W. P. Kegelmeyer, "SMOTE: Synthetic minority over-sampling technique." *Journal of Artificial Intelligence Research*, vol.16, 321-357, Jun. 2002, doi: 10. 1613/jair. 953.

[214] S. Lawrence, C. L. Giles, Ah Chung Tsoi, and A. D. Back, "Face recognition: a convolutional neural-network approach." *IEEE Transactions on Neural Networks*, vol.8, no.1, 98-113, Jan. 1997, doi: 10. 1109/72. 554195.

[215] A. Graves and J. Schmidhuber, "Framewise phoneme classification with bidirectional LSTM and other neural network architectures." *Neural Networks*, vol.18, no.5, 602-610, Jul. 2005, doi: 10. 1016/j. neunet. 2005. 06. 042.

[216] D. Centola and M. Macy, "Complex contagions and the weakness of long ties." *American Journal of Sociology*, vol.113, no.3, 702-734, Nov. 2007, doi: 10. 1086/521848.

[217] D. J. Watts and S. H. Strogatz, "Collective dynamics of 'small-world' networks." *Nature*, vol.393, no.6684, Art. no.6684, Jun. 1998, doi: 10. 1038/30918.

[218] L. Lazuras, V. Barkoukis, D. Ourda, and H. Tsorbatzoudis, "A process model of cyberbullying in adolescence." *Computers in Human Behavior*, vol.29, no.3, 881-887, May 2013, doi: 10. 1016/j. chb. 2012. 12. 015.

[219] M. Paciello, C. Tramontano, A. Nocentini, R. Fida, and E. Menesini, “The role of traditional and online moral disengagement on cyberbullying: Do externalising problems make any difference?,” *Computers in Human Behavior*, vol.103, 190-198, Feb. 2020, doi: 10. 1016/j. chb. 2019. 09. 024.

[220] X. Wang, J. Yang, P.Wang, and L. Lei, “Childhood maltreatment, moral disengagement, and adolescents’ cyberbullying perpetration: Fathers’ and mothers’ moral disengagement as moderators,” *Computers in Human Behavior*, vol.95, 48-57, Jun. 2019, doi: 10. 1016/j. chb. 2019. 01. 031.

[221] J. A. Rambaran, J. K. Dijkstra, and R. Veenstra, “Bullying as a group process in childhood: a longitudinal social network analysis,” *Child Development*, vol.91, no.4, 1336-1352, 2020, doi: 10. 1111/cdev. 13298.

[222] M. F. Wright and Y. Li, “The association between cyber victimization and subsequent cyber aggression: the moderating effect of peer rejection,” *Journal of youth and adolescence*, vol.42, no.5, 662-674, 2013, doi: 10. 1007/s10964-012-9903-3.

[223] R. Y. M. Wong, C. M. K. Cheung, and B. Xiao, “Does gender matter in cyberbullying perpetration? An empirical investigation,” *Computers in Human Behavior*, vol.79, 247-257, Feb. 2018, doi: 10. 1016/j. chb. 2017. 10. 022.

[224] M. E. Ballard and K. M. Welch, “Virtual Warfare: Cyberbullying and Cyber-Victimization in MMOG Play,” *Games and Culture*, vol.12, no.5, 466-491, Jul. 2017, doi: 10. 1177/1555412015592473.

[225] M. Stubbs-Richardson and D. C. May, “Social contagion in bullying: an Examination of strains and types of bullying victimization in peer networks,” *American Journal of Criminal Justice*, Sep.2020, doi: 10. 1007/s12103-020-09572-y.

[226] H. Gaffney, D. P. Farrington, and M. M. Ttofi, “Examining the effectiveness of school-bullying intervention programs globally: a meta-analysis,” *International Journal of Bullying Prevention*, vol.1, 14-31. Mar. 2019, doi: 10. 17863/CAM. 36367.

[227] Z. Teng, Q. Nie, Z. Zhu, and C. Guo, “Violent video game exposure and (Cyber) bullying perpetration among Chinese youth: The moderating role of trait aggression and moral identity,” *Computers in Human Behavior*, vol.104, p.106193, Mar. 2020, doi: 10. 1016/j. chb. 2019. 106193.

[228] D. E. Thomas and K. L. Bierman, “The impact of classroom aggression on the development of aggressive behavior problems in children,” *Development and Psychopathology*, vol.18, no.2, 471-487, 2006, doi: 10. 1017/S0954579406060251.

[229] K. Warren, S. Schoppelrey, D. P. Moberg, and M. McDonald, “A model of contagion through competition in the aggressive behaviors of elementary school students,” *Journal of Abnormal Child Psychology*, vol.33, no.3, 283-292, Jun. 2005, doi: 10. 1007/s10802-005-3565-5.

[230] D. Cross et al., “Longitudinal impact of the Cyber Friendly Schools program on adolescents’ cyberbullying behavior,” *Aggressive Behavior*, vol.42, no.2, 166-180, 2016, doi: https://doi. org/10. 1002/ab. 21609.

[231] M. Garaigordobil and V. Martínez-Valderrey, “Technological Resources to Prevent Cyberbullying During Adolescence: The Cyberprogram 2.0 Program and the Cooperative Cybereduca 2.0 Videogame,” *Frontiers in Psychology.*, vol.9, 2018, doi: 10.

3389/fpsyg. 2018. 00745.

[232] P.Gradinger, T. Yanagida, D. Strohmeier, and C. Spiel, "Effectiveness and sustainability of the ViSC Social Competence Program to prevent cyberbullying and cyber-victimization: Class and individual level moderators." *Aggressive Behavior*, vol.42, no.2, 181-193, 2016, doi: 10. 1002/ab. 21631.

[233] E. Chaux, A. M. Velásquez, A. Schultze-Krumbholz, and H. Scheithauer, "Effects of the cyberbullying prevention program media heroes (Medienhelden) on traditional bullying." *Aggressive Behavior*, vol.42, no.2, 157-165, 2016, doi: https://doi. org/10. 1002/ab. 21637.

[234] A. DeSmet et al., "The efficacy of the Friendly Attac serious digital game to promote prosocial bystander behavior in cyberbullying among young adolescents: a cluster-randomized controlled trial." *Computers in Human Behavior*, vol.78, 336-347, Jan. 2018, doi: 10. 1016/j. chb. 2017. 10. 011.

[235] E. K. Proctor, J. Landsverk, G. Aarons, D. Chambers, C. Glisson, and B. Mittman, "Implementation Research in Mental Health Services: an Emerging Science with Conceptual, Methodological, and Training challenges." *Administration and Policy in Mental Health and Mental Health Services Research*, vol.36, no.1, 24-34, Jan. 2009, doi: 10. 1007/s10488-008-0197-4.

[236] B. Lloyd-Evans et al., "National implementation of a mental health service model: a survey of Crisis Resolution Teams in England." *International Journal of Mental Health Nursing*, vol.27, no.1, 214-226, 2018, doi: https://doi. org/10. 1111/inm. 12311.

[237] T. Clarke and M. Barwick, "Editorial Perspective: a call to collective action—improving the implementation of evidence in children and young people's mental health." *Child and Adolescent Mental Health*, vol.26, no.1, 73-75, 2021, doi: https://doi. org/10. 1111/camh. 12447.

[238] A. Interian, A. R. King, L. M. St. Hill, C. H. Robinson, and L. J. Damschroder, "Evaluating the Implementation of Home-Based Videoconferencing for Providing Mental Health Services." *Psychiatric Services*, vol.69, no.1, 69-75, Jan. 2018, doi: 10. 1176/appi. ps. 201700004.

[239] I. S. Bonfils, H. Hansen, H. S. Dalum, and L. F. Eplov, "Implementation of the individual placement and support approach—facilitators and barriers." *Scandinavian Journal of Disability Research*, vol.19, no.4, 318-333, Oct. 2017, doi: 10. 1080/15017419. 2016. 1222306.

[240] E. L. Whittle, K. R. Fisher, S. Reppermund, R. Lenroot, and J. Trollor, "Barriers and Enablers to Accessing Mental Health Services for People with Intellectual Disability: a Scoping Review." *Journal of Mental Health Research in Intellectual Disabilities*, vol.11, no.1, 69-102, Jan. 2018, doi: 10. 1080/19315864. 2017. 1408724.

[241] D. C. Mohr, A. R. Lyon, E. G. Lattie, M. Reddy, and S. M. Schueller, "Accelerating Digital Mental Health Research from Early Design and Creation to Successful Implementation and Sustainment." *Journal of Medical Internet Research*, vol.19, no.5, p.e7725, May 2017, doi: 10. 2196/jmir. 7725.

[242] A. P. Folker, K. Mathiasen, S. M. Lauridsen, E. Stenderup, E. Dozeman, and M. P.Folker, "Implementing internet-delivered cognitive behavior therapy for common mental

health disorders: a comparative case study of implementation challenges perceived by therapists and managers in five European internet services." *Internet Interventions*, vol.11, 60-70, Mar. 2018, doi: 10. 1016/j. invent. 2018. 02. 001.

[243] D. Ekers, D. Richards, and S. Gilbody, "A meta-analysis of randomized trials of behavioural treatment of depression." 2008, doi: 10. 1017/S0033291707001614.

[244] D. J. Miklowitz et al., "Adjunctive Psychotherapy for Bipolar Disorder: a Systematic Review and Component Network Meta-analysis." *JAMA Psychiatry*, vol.78, no.2, 141-150, Feb. 2021, doi: 10. 1001/jamapsychiatry. 2020. 2993.

[245] G. M. Manzoni, F. Pagnini, G. Castelnuovo, and E. Molinari, "Relaxation training for anxiety: a ten-years systematic review with meta-analysis." *BMC Psychiatry*, vol.8, no.1, p.41, Jun. 2008, doi: 10. 1186/1471-244X-8-41.

[246] 川上憲人，精神疾患の有病率等に関する大規模疫学調査研究：世界精神保健日本調査セカンド　総合研究報告書．2016.

[247] P. S. Wang et al., "Delay and failure in treatment seeking after first onset of mental disorders in the World Health Organization's World Mental Health Survey Initiative." *World Psychiatry*, vol.6, no.3, 177-185, Oct. 2007, Accessed: Mar. 01, 2021.

[248] L. Dg, G. M, V. Dl, and M. S, "Reducing the stigma associated with seeking psychotherapy through self-affirmation." *Journal of Counseling Psychology*, vol.60, no.4, 508-519, Aug. 2013, doi: 10. 1037/a0033789.

[249] P.Lincourt, T. J. Kuettel, and C. H. Bombardier, "Motivational interviewing in a group setting with mandated clients: a pilot study." *Addictive Behaviors*, vol.27, no.3, 381-391, May 2002, doi: 10. 1016/S0306-4603（01）00179-4.

[250] F. Bannink, *Handbook of Solution-Focused Conflict Management*. Hogrefe Publishing, 2010.

[251] N. K. Choudhry, R. H. Fletcher, and S. B. Soumerai, "Systematic Review: The Relationship between Clinical Experience and Quality of Health Care." *Annals of Internal Medicine*, vol.142, no.4, p.260, Feb. 2005, doi: 10. 7326/0003-4819-142-4-200502150-00008.

[252] P. M. Spengler et al., "The Meta-Analysis of Clinical Judgment Project: Effects of Experience on Judgment Accuracy." *The Counseling Psychologist*, vol.37, no.3, 350-399, Apr. 2009, doi: 10. 1177/0011000006295149.

[253] H. N. Garb and P.A. Boyle, "Understanding why some clinicians use pseudoscientific methods: Findings from research on clinical judgment." in *Science and pseudoscience in clinical psychology*, 2nd ed, New York, NY, US: The Guilford Press, 2015, pp.19-41.

[254] N. L. Keating, A. J. O'Malley, J. P. Onnela, S. W. Gray, and B. E. Landon, "Association of physician peer influence with subsequent physician adoption and use of Bevacizumab." *JAMA Netw Open*, vol.3, no.1, Jan. 2020, doi: 10. 1001/jamanetworkopen. 2019. 18586.

[255] 文部科学省初等中等教育局児童生徒課，" 平成 30 年度児童生徒の問題行動・不登校等生徒指導上の諸課題に関する調査結果について．" 2019.

[256] J. Edelenbos, A. van Buuren, and N. van Schie, "Co-producing knowledge: joint knowledge production between experts, bureaucrats and stakeholders in Dutch water management projects." *Environmental Science & Policy*, vol.14, no.6, 675-684, Oct.

2011, doi: 10. 1016/j. envsci. 2011. 04. 004.

[257] 大津市政策調整部 いじめ対策推進室, “いじめ対策ポータルサイト | 大津市. ” 2021. https://www. city. otsu. lg. jp/ijime_taisaku/index. html (accessed Mar. 01, 2021).

[258] 総務省, “総務省 | 平成 27 年版 情報通信白書 | PDF 版. ” 2015. https://www. soumu. go. jp/johotsusintokei/whitepaper/ja/h27/pdf/index. html (accessed Mar. 01, 2021).

[259] B. O'Dea et al., “A randomised controlled trial of a relationship-focussed mobile phone application for improving adolescents' mental health.” *Journal of Child Psychology and Psychiatry*, vol.61, no.8, 899-913, 2020, doi: https://doi. org/10. 1111/jcpp.13294.

[260] M. R. Turchioe et al., “Older Adults Can Successfully Monitor Symptoms Using an Inclusively Designed Mobile Application.” *Journal of the American Geriatrics Society*, vol.68, no.6, 1313-1318, 2020, doi: https://doi. org/10. 1111/jgs. 16403.

[261] M. Milne-Ives, C. Lam, C. D. Cock, M. H. V. Velthoven, and E. Meinert, “Mobile Apps for Health Behavior Change in Physical Activity, Diet, Drug and Alcohol Use, and Mental Health: Systematic Review.” *JMIR mHealth and uHealth*, vol.8, no.3, p.e17046, Mar. 2020, doi: 10. 2196/17046.

[262] nature human behavior, “Editorial Process.” 2021. https://www. nature. com/nathumbehav/info/editorial-process (accessed Mar. 01, 2021).

[263] American Association for the Advancement of Science, “Science Journals: editorial policies.” Science AAAS, Jan. 31, 2018. https://www. sciencemag. org/authors/science-journals-editorial-policies (accessed Mar. 01, 2021).

[264] J. M. Glanville, C. Lefebvre, J. N. V. Miles, and J. Camosso-Stefinovic, “How to identify randomized controlled trials in MEDLINE: ten years on.” *J Med Libr Assoc*, vol.94, no.2, 130-136, Apr. 2006, Accessed: Mar. 02, 2021.

[265] J. Bohannon, “Who's Afraid of Peer Review?.” *Science*, vol.342, no.6154, 60-65, Oct. 2013, doi: 10. 1126/science. 342. 6154. 60.

[266] C. Shen and B. C. Björk, “'Predatory' open access: a longitudinal study of article volumes and market characteristics.” *BMC Medicine*, vol.13, no.1, p.230, Oct. 2015, doi: 10. 1186/s12916-015-0469-2.

[267] K. K. Fitzpatrick, A. Darcy, and M. Vierhile, “Delivering Cognitive Behavior Therapy to Young Adults with Symptoms of Depression and Anxiety Using a Fully Automated Conversational Agent (Woebot): a Randomized Controlled Trial.” *JMIR Mental Health*, vol.4, no.2, p.e7785, Jun. 2017, doi: 10. 2196/mental. 7785.

[268] C. Baden-Fuller and S. Haefliger, “Business Models and Technological Innovation.” *Long Range Planning*, vol.46, no.6, 419-426, Dec. 2013, doi: 10. 1016/j. lrp.2013. 08. 023.

索　　引

た行

な行

は行

ま行

や・わ・ら行

著者略歴

横谷謙次（よこたに けんじ）

徳島大学大学院創成科学研究科臨床心理学専攻・准教授。公認心理師・臨床心理士。

2001年に東北大学教育学部に入学，2011年に東北大学大学院教育学研究科博士後期課程修了（心理学博士・総長賞受賞）。チューリッヒ大学大学院心理学科客員研究員などを経て，2019年より現職。日本ブリーフセラピー協会より，薬物依存症者及び性犯罪加害者に関する治療についてそれぞれ論文賞受賞（2014年，2020年）。情報処理技術と人間行動に関する国際的な学術雑誌（*Computers in human behavior*）などに論文多数。最近は，計算社会科学者と共同で，ヴァーチャルコミュニティ上での精神疾患の予防を研究している。また，ロボット工学者や神経科学者と協働して，精神疾患に対するロボットを介した治療を行い，その効果を検証すると共に治療効果の背景となる神経基盤の解明にも挑んでいる。

精神の情報工学

心理学× ITでどんな未来を創造できるか

2021年11月5日　第1刷

著　者　横谷謙次

発行人　山内俊介

発行所　遠見書房

〒181-0002　東京都三鷹市牟礼6-24-12
三鷹ナショナルコート004
TEL 0422-26-6711　FAX 050-3488-3894
tomi@tomishobo.com　https://tomishobo.com
遠見書房の書店　https://tomishobo.stores.jp/

印刷・製本　モリモト印刷

ISBN978-4-86616-133-4　C3011